介護と相続、これでもめる!

不公平・逃げ得を防ぐには

姉小路祐

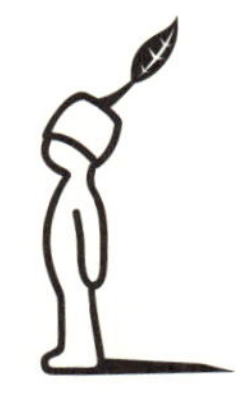

光文社新書

まえがき

２０２４年９月における日本の総人口は前年に比べて約59万人減少している一方で、65歳以上の高齢者人口は前年に比べて約２万人増加して約３６２５万人と過去最多になった。総人口に占める高齢者の割合は29・３％となり、人口10万人以上の世界２００の国・地域でイタリア（24・６％）、ポルトガル（24・５％）などを上回り、第１位の高齢者率となっている（総務省発表の推計　読売新聞・毎日新聞など、２０２４年９月16日）。

そして、１９４７年から１９４９年（昭和22年から24年）の第１次ベビーブームの時期に産まれた、いわゆる〝団塊の世代〟約８００万人全員が、２０２４年末に後期高齢者となった。２０３０年にはすべての団塊の世代が80歳を超え、２０３５年には85歳以上となる。

このように、日本は現在、超・高齢社会の道を突き進んでいる。それは要介護者の大量出現（85歳以上の59・5%が介護認定を受けている。2023年厚生労働省介護給付費等実態統計月報）と、介護の担い手不足に連鎖していく。海外からの介護スタッフの増加はあまり期待できない。GDPの国際順位が下がっていく日本では、他の先進国ほどの高い賃金は望めそうにない。英語圏の国々と比べて言葉の壁もある。

そうなってくると、いわゆる介護難民の大量発生と、家族で介護をしなくてはいけない状況の増大が予想できる。介護保険制度はあるが、のちに述べるように、すべての要介護者を網羅的に支えるものにはなっていないし、要介護者にとって家族に看てもらうほどの満足感が得られるとは限らない。子供たちが協力し合って親を支えていくのが理想的な形だろうが、現実はそうもいかない。子供たちの誰かが、親を引き取って世話をするというスタイルが実際には多い。

すなわち、「親に対する介護は平等ではない」というのがむしろ普通と言える。

ところが日本の法制度は、「相続においては子供たちは平等とする」というのが大原則である。つまり、親を多く介護した者が多くの遺産をもらえるというシステムにはなっていない。そこに、遺産をめぐる相続争い（争族）の大きな原因の一つがある。

もちろん、遺産目的で介護をするという人たちばかりではない。いやむしろ、そうではない親思いの子が老親の世話をするというケースが大半であろう。しかし介護が長引いて、認知症になったり病状が深刻化してくると、経済的にも精神的にも、介護をする者の負担と疲労がどんどん増えていく。元気だった親が老い衰えていく姿を見なくてはならないのも辛い（つらい）し、24時間態勢で看なくてはいけないとなると介護する側の健康も危うくなる。親思いという気持ちだけでは支えきれないのだ。

この本を執筆するにあたって、介護を経験したかたたちに多数取材をさせていただいたが、かなりのかたが異口同音に語られたのは「自分が看ることになったら、他の兄弟姉妹たちはあっさり逃げてしまった」というナマの声であった。そしてそのうち相当数の人たちが、「いざ親が亡くなると、もう介護の必要がなくなった他の兄弟姉妹は、自分の相続権を主張してきた」と語っている。筆者自身も似た経験をした。

某週刊誌の特集記事のタイトルに「介護は少なめに、相続は多めに得る方法」というのがあった。そういう特集記事が読まれるということは、その思考をする者がいるということである。

本書は、自分自身が一人っ子で、配偶者もまた一人っ子で、かつ自分の子供も一人っ子というかたには縁はないと思う。しかし、いくら少子化の時代とはいえ、三拍子揃ったかたは稀（まれ）ではないだろうか。

そのうちのだれかに2人以上の兄弟姉妹が居たなら、相続争いが起きる可能性が出てくる。現に、第一章で述べるように、家庭裁判所に持ち込まれる相続問題は年々増加傾向にある。

もちろん相続争いの原因は、介護の不公平だけではなく、子供の誰かが親から結婚資金などの生前贈与を受けていた場合や、子供の中に家業を受け継いだ者が居るなどのケースもあるが、本書では介護と相続の不公平に焦点を絞って書かせていただく。筆者自身が体験し、他の同様のかたたちにも取材した結果をリアルに反映していきたい（なお、本書では登場人物は、政治家など有名人や著作物から引用させていただいたかたを除いて実名は伏せさせてもらった。個人批判が目的ではなく、介護からの逃げ得を容認する日本の法制度や裁判所のスタンスの不合理を指摘するとともに、逃げ得をさせないための具体的提案をするのが刊行の趣旨だからである）。

介護と相続、これでもめる!

不公平・逃げ得を防ぐには

目次

序章

「きょうだいは他人の始まり」か？

筆者の介護体験

まずは自己紹介をかねて、筆者のことを書かせていただきたい。

筆者は、高校の社会科教員をしながら、松本清張さんや森村誠一さんに憧れて、推理小説作家をめざした。平成3年に森村誠一さんらが選考委員を務める横溝正史賞を受賞することができて、本格デビューを果たすことができた。

それ以来、高校教員とのいわば二刀流で、平成20年までに41冊を刊行することができた。兼業作家としては多作の部類に入るようだ。しかし、平成21年以降は高校教員を退職したにもかかわらず、年1冊の刊行も危うくなってしまった。その主な原因は、親の介護とそのあとに続いた兄弟姉妹との相続トラブルに多大の時間を取られることになってしまったからである。

親の介護の始まりは、平成11年の父親の脳梗塞であった。さいわい早めに病院に連れていくことができたので、約2ヵ月間の治療とリハビリで、ほぼ回復することができた。次の介護は平成15年の母親の大腿骨骨折であった。こちらも外科手術とリハビリで、杖なしで歩行できるまでには戻った。どちらも筆者は介護休業を取得して対応した。だが、これらは映画で言えば予告編に過ぎなかった。

それからしばらくは平穏な時期が続いたが、85歳を超えた父親はだんだんと足腰が弱り始め、耳も遠くなり、物忘れも多くなった。母親のほうも体重が減り、息苦しいといった体調不良を訴えるようになった。この先、ダブル介護になるかもしれない、そうなったら対応しきれるだろうかと筆者は不安になった。両親は、父親の定年退職後は卒婚という道を選んでいた。狭い実家に父親は残り、母親のほうは筆者が引き取って同居していた。筆者は実家の隣区に住んでいたので、できるだけ父親のところを訪れ、家事補助のヘルパーさんにも来てもらってはいたが、限界を感じ始めていた。

筆者には、兄弟姉妹が1人いる。結婚して実家を出て30年ほど経ってたっていたが、父親とは波長が合っていそうだったので、父親を引き取ってもらえないかと打診したが、答えは「ごめんなさい」であった。

父親は若い頃は寮生活も経験しており、ずっと専業主婦であった母親よりは社会順応性もあった。筆者は、父親に有料老人ホームへの入居を提案した。父親はすんなりとは受け入れなかったが、何とか説得に応じてくれた。

しかし有料老人ホームへ入居できたからといって、それでフォローが終わるわけではない。2回目の脳梗塞を起こしたときは病院に駆けつけたし、老人ホームの自室で転倒して顔面を負傷したときは対応に追われた。

それ以上に大変だったのは、父親の老人ホーム入所から約半年後に、母親の喉頭癌が見つかったときであった。胃癌や大腸癌など相対的に数が多いものは、自治体の市民検診の対象になっているが、数が少ない部位はそうではない。発覚したときはステージ4であった。

癌（がん）の治療には、外科手術、抗癌剤投与、放射線治療が主なものとしてあるが、母親の場合は高齢であったので外科手術はリスクが高かった。しかも外貌に大きな変化をきたすので、女性にとっては酷でもあった。抗癌剤は、試しに弱めの飲み薬を始めてみたが、体質的に合わなかった。

結局、放射線治療を行ない、そのあとは温熱療法（ハイパーサーミア）と免疫療法を受けることにした。

温熱療法は、電磁波などを使って体外から腫瘍（しゅよう）のある箇所を熱する方法である。癌細胞は熱に弱いという性質を利用するものであり、体表に近い癌には有効性があると言われている。副作用や身体への負担はあまりなく、回数制限もないという長所がある。免疫療法は、採血をしてその中にある免疫細胞を人工的に増やして体内に点滴で戻すという方法で、免疫細胞が持っている癌への攻撃力を強化する狙いがある。免疫療法も副作用はほとんどないと言われている。どちらの療法も通院だけでよかったが、短期間で完治が望めるほどの効果まではないのが現状である。

母親は腫瘍で気道が狭くなっているので、気管切開の必要があった。すなわち、手術で喉に穴を開けて気道を確保しないと、肺に酸素が行き渡らない状態であった。

その気管切開後のケアがかなり大変であった。序章から少し重い話になって申し訳ないが、具体的な介護の実情ということでお許し願いたい。

気管切開手術を受けたら、喉の穴にカニューレ（永久気管孔）を装着することになる。それを装着しないと、傷口と同じように穴がだんだん塞がってしまう。1日に1～2回のカニューレ交換が必要だが、それを実際に行なおうとすると病院で講習を受けても簡単なことではなかった。喉の切開部分に差し込んでいくのだから、注意深くやらないと出血してしまうことがある。スムーズに入れるためにキシロカインゼリーをカニューレに付けるのだが、量が多くても少なくてもいけない。カニューレは首に巻くバンドで固定するが、バンドを締めすぎると息苦しいし、緩すぎるとカニューレが咳で飛び出すこともある。使用したカニューレは、綿棒で丁寧に掃除したあと消毒液に浸し、そのあと乾燥させる必要がある。この作業は毎日不可欠だ。

痰の吸引はそれ以上に気を遣う。痰を吸引するときは、吸引器に繋いだカテーテルをカニユーレ孔から挿入するのだが、雑にやってしまうとカテーテルの先端で喉の粘膜を傷つけてしまう。痰はいつ出るかがわからない。痰が絡まって窒息してしまうことは一番怖いことだから、常に吸引の用意をしておかなくてはいけない。散歩に付き添うときも、いざというときに備えてカテーテルと小さな吸引器をリュックに入れて持ち歩く。吸引は1日に少なくとも数度は行なうが、そのたびに細菌感染を防ぐために使い捨ての介護用プラスチック手袋をはめて、アルコール脱脂綿でカテーテルを消毒する。

カテーテルやアルコール脱脂綿や使い捨ての手袋などの費用も、塵も積もればかなりの額になる。カニューレは月1回健康保険を使って新しいものを買うことができたが、劣化するので実際は月2回くらい交換した。吸引器は健康保険の対象外だった。喉の乾燥を防ぐために、蒸留水をネプライザーに入れて蒸気を随時当てたが、これらの購入費も対象外だった。

こういった痰の吸引やカニューレの交換は、胃瘻や経管栄養などとともに日常的医療行為と呼ばれる。日常的医療行為は、医師・看護師・講習を受けた家族に限ってできる、と以前は定められていた。したがって、医師または看護師が常駐しているデイサービス施設や老人ホームでないと受け入れてもらえなかった。

調べてみたが、筆者の生活圏にそのような施設はなかった。現在では、介護ヘルパーでも講習を受ければ、こういった日常的医療行為ができるように改正されたので、受け入れてくれる施設も登場している。しかしすべてのヘルパーが講習を受けているわけではなく、またさまざまな保険外の費用も手間もかかるので、受け入れには消極的な姿勢の施設も多いようである。とくに胃瘻となると、きわめて限られているのが実情と言えそうだ。施設がなければ、結局は家族が講習を受けたうえで、自宅で看ていくしか方法はないのである。

こうした日々のケアが必要で、しかもいつなんどき痰の吸引をしなくてはならないかがわからない状態では、筆者は高校教員勤務を続けることはできなかった。仕事から帰ってきたなら、痰が絡まって母親が窒息死していたという絵図は、想像しただけでも恐ろしかった。

高校の管理職からは慰留もしていただいたが、他に選択肢はなかった。

このように、介護保険制度があっても、デイサービス施設を事実上使えず、老人ホーム入所もできない高齢者とその家族もいるのである。

身体面のケアだけでなく、要介護者の精神面のサポートも欠かせない。

家族の癌告知を医師から受けた経験があるかたはおわかりだろうが、いつ、どのような形で本人に伝えるのか、または伝えないのか……いろいろと思い悩む。伝えたあとのフォローも重要になってくる。

筆者の場合は、放射線治療などを受ける前に癌であることを伝えたが、ステージ4という状態は言及しなかった。回復に望みを持ってほしかったからである。

放射線治療については定評のある病院に移り、そのあとの温熱療法や免疫療法にも毎回付き添った。母親も頑張って続けてくれた。しかし90歳近い年齢になってくると、身体の他の部分も機能が衰えてくる。どうしても弱気になるので、エンカレッジや気分転換も欠かせない。母親の体調のいいときには通院帰りに車椅子を押しての散策やたわいのない会話をすることで、母親の表情は緩んでくれた。桜の時季にはタクシーに乗って花見にも行った。

辛い時間も多くあり、筆者自身も何度も落ち込んだが、付きっきりの介護をしてよかったと今でも思っている。

闘病生活を送る母親は「しんどい」「元気になりたい」を毎日連発したが、その合間ながら「すまないね」「ありがとう」という言葉をたまに投げかけてくれた。たまにであっても、筆者にとっては今でも、最上の宝物である。

親が亡くなると兄弟姉妹が残るが……

癌の発覚から約４年半後に、母親は他界した。医師から当初「１年持たない」と言われていたことからすると、長生きできたと言えるかもしれない。父親はその約１年前に老人ホームの自室で老衰で亡くなった。ともに90歳代なので長寿ということになるだろう。

介護は終わったが、そのあとすぐにたった１人の兄弟姉妹（ここではＡと呼ぶ。身内なので敬称は略する）との相続トラブルが起こってしまった。

Ａは、こと母親の介護についてはほとんど関与しなかったと言ってよいだろう。癌が発覚する前に、筆者が友人の医師に相談しに行くときや職場に介護休業を申請するために家を空けなくてはならなかったときなどに３度来訪し、気管切開後に入院中の母親がＡに携帯電話で連絡を取ったときに１度面会に来た（筆者は病院で痰の吸引についての講習中であり、講習が長引いていたので、母親は不安に思ったようだ）だけである。元々Ａは母親とはソリが合わなかったようであるが、そのあたりの事情や経緯は本人でないとわからない。

母親の死後、現在まで約12年半になるが、筆者がＡと顔を合わせたのはたったの２回だけである。そのうちの１回は裁判所であって言葉は交わしていないから、会話をしたのは母が亡くなった月に会った1度だけである。

母親のほうは祖父から受け継いだ不動産があるので、少しではあるが相続税を申告しなくてはならない見通しなので、その用紙を手渡して、申告期限は10ヵ月以内であることをAに伝えた（父親のほうは基礎控除未満の遺産だったので、相続税は不要であった）。「再度会って相続のことをさらに話し合っていきたい」と筆者は申し出たが、Aは「忙しいので待ってほしい」と答えた。

それから約1ヵ月が経ち、こちらからそろそろ連絡しようと思っていたときに、市内の法律事務所から封書が届いた。名前を聞いたことがなく、これまで何の関わりもなかった法律事務所からだった。

封書には短い通知書1枚が入っており、そこには「弁護士である当職は、あなたの御きょうだいであるAさんから委任を受けて、代理人となりました。したがって、今後はAさんに直接に連絡を取ることはせずに、必ず当職を通じてください」という趣旨のことが記されてあった。

驚いてAにメールを送ったが、返信はなかった。

そのあとAの弁護士は、家庭裁判所に調停を申し立てて、その通知が送られてきた。

家庭裁判所での調停は「話し合い」を「別々に」

御存知のかたも多いと思うが、家庭裁判所は家事事件と少年事件を扱う。家事事件というのは離婚、親権、養育費、遺産分割などの家族・親族間での紛争や問題であり、少年事件というのは20歳未満の男女が犯した刑事事件である。少年事件では、まだ成長過程である少年については適切な環境での更生をめざすという観点から、成年者に対する地方裁判所などの刑事裁判とは異なる方式で進行される。家事事件のほうも、なるべく話し合いと譲り合いで円満解決をするのが望ましいという目標のもとに、地方裁判所などの民事裁判とは違う方法が採られる。

相続問題については、まずは家庭裁判所での調停をすることになっている（調停前置主義と呼ばれる）。

家庭裁判所から調停開始の通知と第1回の期日呼出状が届いたときは、これを無視することはリスクをともなう。過料の対象となり、のちに出席したときに印象が悪くなることもある。もちろん呼び出された期日に所用が入っているときは、家庭裁判所に連絡して事情を話せば、別の期日を設定するなど柔軟な対応をしてもらえる。

筆者は、第1回期日に所用はなかったので、その日に、これまで足を踏み入れたことがない家庭裁判所の庁舎に向かった。事務室で呼出状を見せて氏名を告げると「第○号控室でお待ちください」と言われた。

家庭裁判所で調停を担当するのは、調停委員である。社会の各分野から選ばれた原則40歳から70歳未満の人物で、男女2人でコンビを組んで担当することが多い。調停委員は中立の立場で、当事者双方の話し合いの中で合意を成立させていくのが役割とされているが、その「双方の話し合い」というのは「別々に」行なわれる。

すなわち、同じ日に家庭裁判所に出頭はするのだが、双方が一つの部屋で相対するのではない。

双方には別々の控室が用意されていて、呼び出し時間も少しズラしてあるから、筆者がAやAの弁護士と顔を合わせることはないのである。

呼び出しがあれば、調停委員が居る部屋に向かう。つまり「話し合い」と言っても、お互いが同じ場で意見を述べたり、事情を説明することはできない。いわば調停委員を介しての間接話法のような形なので、時間がかかる。しかも本人が家庭裁判所に出てこなくても、弁護士の出席だけでもかまわないのである。百の家族には百の事情があり、千の家族には千の事情がある。これまでの長年にわたる経緯を知らない弁護士が、どれだけ各家族の実情を知っているかはあやしいものである。依頼人からの説明をそのまま鵜呑みにして調停に臨む弁護士も少なくない。

弁護士と聞くと正義の味方だというイメージを持つ人もいるが、とりわけ民事事件においては依頼人の味方だと言っても過言ではない。依頼人から報酬をもらっている存在なのである。弁護士事務所のホームページには「依頼人の利益のために、全力で戦います」と公言しているものもある。「社会正義の実現のために」や「真実のために」といった文言は見られない。

調停委員は、当事者同士の話し合いの仲立ちをしながら歩み寄りを促進するのが役割で、どちらの言い分が正しいといった判断はしない。あくまでも歩み寄りを進めようとするだけである。したがって、どちらか一方が譲歩をまったくしようとしなければ、歩み寄りは不可能であり、調停は不成立となる。調停委員が解決案を提案することもあるが、その提案を受け入れるかどうかは、当事者の任意である。

筆者の場合は数回にわたって調停が開かれたが、Aとその弁護士は調停申し立てを取り下げた。筆者はまだ調停で言い足りないこともあったが、申し立てた側のAから取り下げられたらどうしようもなかった。争いをもう続けないという意味での取り下げではない。調停ではなく訴訟に移行するために、取り下げられたのである。

調停申し立てをするには相手方の同意を得る必要はないし、その取り下げも同様である。そして訴訟提起も、相手方の同意や調停委員の承認は不要で、一方的にできるのである。

提訴がなされたことで、地方裁判所民事部から分厚い訴状が届いた。Aの弁護士が作成したものであった。訴状は特別送達という方式で郵送され、受け取りは押印ではなく、自署のサインが求められた。

訴状が届いたなら、これを無視することは絶対にできない。もしも無視をしたなら、相手方の主張を認めたという扱いをされてしまう。たとえ好まなくても、戦わなくてはいけないのだ。すなわち、訴状が届いたということは、宣戦布告をされたということに等しい。

訴訟に移行したあとは、もはや調停のような「話し合い」の余地はなく、血肉を分けたきょうだい同士が攻め合い、傷つけ合う場となる。有利な判決を得ようと、嘘をつくこともある。まさに骨肉の争いである。

そうなってしまってからの兄弟姉妹の関係修復は、まず不可能である。筆者の取材した限りではあるが、訴訟になった兄弟姉妹は、裁判がどのような結末となっても、すべて絶縁状態となってしまっている。

調停の段階で合意が成立して、訴訟には移行しなかった場合も、「そのあとは、気まずさとしこりが残ってしまった」「人間はこうまで変わるものなのかと驚いた。幼い頃の仲が良かったときの楽しい思い出は全部消えてしまった」「兄弟姉妹で醜く、いがみ合っている姿を、親は天国から見て悲しんでいるだろう、と思えてせつなかった」といった意見が多くを占めていて、調停を経て以前より仲が良くなったというケースは皆無であった。

法的手続が始まる前に、当事者同士で膝をつきあわせた話し合いができなければ、兄弟姉妹の絆は事実上の消滅という悲しい結果が待っているというのが実感である。

兄弟姉妹からの「三下り半」

親子、夫婦、兄弟姉妹というのが、家族関係の主なものであるが、このうち人生の最も長い時間を共有するのが、兄弟姉妹である。夫婦は結婚してからのパートナーであり、それまでの何十年間は別々に暮らしてきた他人同士である。親は、順当であれば先に亡くなるし、たいていは子供より先に自分自身が他界する。すなわち親子は主として、人生の前半または後半での関わりだ。しかし、兄弟姉妹だけは、そうではなく出生から死亡までの大半の人生で関わりを持ってくる。

ところが、この長い時間を共有する血肉を分けた兄弟姉妹という関係は、いとも簡単に縁が切れてしまうのだ。

実の親子の縁は切れない。戦前にあった〝勘当〟の制度はない。夫婦も、どちらか一方が離婚を望まず、不貞行為などの理由もないときは、そう簡単には離婚できない。夫婦は元々は他人同士なのだが、だからといって、容易に他人同士に戻れるというわけではない。江戸時代の「三下り半」のような、どちらか一方の意向によって勝手に離縁できるという制度は、現代日本では認められていない。

ところが、実の兄弟姉妹では、この「三下り半」が事実上可能なのである。話し合いで相続問題を解決しようとしても、相手方が弁護士を立てたなら、もはや直接に連絡を取ることはできなくなる。メールは黙殺され、電話をしても繋がらないか、たとえ繋がっても「代理人の弁護士を通じてください」という返答が返ってくる。いくら「同じ家庭で育った兄弟姉妹なのだから、相続については他人である弁護士を交えないで本音で話し合っていきたい」

という解決を望んだとしても、それはかなわない。
そして調停、さらには訴訟と移行したなら、もはや覆水は盆に返らない。
したがって相手方弁護士からの受任通知は「三下り半」のような存在となる。

第一章

相続争いの現実

相続争いは富裕層だけの問題ではない

ドラマや映画では、大富豪が亡くなって、莫大な遺産をめぐってドロドロの相続争いが展開するシーンがよく描かれるが、そういうケースばかりではない。

家庭裁判所が扱った相続事件のうち、遺産額が1000万円以下が33％、1000万円超から5000万円以下が43％と、その両者で4分の3以上を占めている（令和3年最高裁判所司法統計）。

つまり、遺産の多寡には関係なく、揉める家族は揉めると言える。しかも家庭裁判所に持ち込まれる遺産争いの件数は年々増加傾向にあり、20年前の約1・5倍の1万3447件になっている（同司法統計）。すなわち、誰の身に起こってもおかしくないものになってきている。

遺産相続というのは、被相続人が死んだという事情によって、家族または親族である者に財産が転がり込んでくる仕組みである。しかも遺産相続は、〝不労による所得〟という性質を基本的に持つ。

普通は、額に汗を浮かべて時間と労力をかけて働かなければ、報酬は手にできない。そして毎月の収入は、毎月の生活費で多くが消えていく。平凡なサラリーマンがまとまった金額を手にできる生涯の機会は、定年時の退職金と遺産相続の二つくらいしかないのだ。サラリーマンでない職業なら退職金はないし、すべてのサラリーマンが退職金をもらえるとは限らない。あとは、きわめて確率の低い宝くじの当選くらいしかない。

つまり平均的な人間が、一生に一度か二度しかないまとまった財産獲得のチャンスが相続なのである。誰だってお金は必要だし、欲しいものである。霞（かすみ）を食って生きてはいけないのだ。

公的年金制度は、将来的には受給額の減少や受給開始年齢の引き上げが検討されているなど、見通しは明るくない。老後は年金以外に2000万円程度が必要とも言われているが、物価上昇を考慮すれば2000万円でも心もとないかもしれない。投資で増やしていく方法もあるが、リスクをともなうし、市場経済や国際情勢などを勉強することも必要になってくる。ところが、遺産相続は、そういった勉強とは関係なく、〝相続人〟という立場だけで得られるのだ。その意味では、究極の不労所得とも言える。たとえ相続財産の総額が少なくても、濡れ手に粟の不労所得であるなら、誰しもが欲しがる。それも、少しでも金額が大きいほうがいいと思うのが、人間のサガとも言えよう。

長年にわたって相続問題を扱ってきた弁護士は「相続人の中に1人バカが入っていると調

停はまとまらない。バカというのは、兄弟姉妹の絆よりも自分の財産的欲求を優先させる者のことだ」と筆者に述懐した。

相続は平等というのが大原則だ。平等に分けることで話がまとまるなら、調停にも訴訟にも至らないで済む。だが、それぞれの兄弟姉妹には、それぞれの歴史がある。たとえば、長男は高卒で働かなくてはいけなかったが、次男は大学まで進学できた。三男はさらに大学院まで出ることができて、高収入の職業に就くことができた――といった状況は、長男にとっては不公平感のタネになるだろう。同じ大卒でも、国立と私立では親に負担してもらった授業料の総額は違ってくる。

またたとえば、長女は結婚式や新婚旅行の費用を親に出してもらい、住宅資金も援助してもらい、産まれた子供は初孫としてお年玉やランドセルなどをたくさんもらった。ところが次女のほうは結婚相手がふさわしくないと反対されたので、自分たちの身銭を切って結婚式を挙げ、新居も自分で用意した。住宅ローンを返すのに精いっぱいで子供を産む余裕もなく、親からは「おまえは孫の顔を見せてくれない」と嫌味を言われ続けた――そんな次女にとっては、これまでのアンバランスを遺産相続で取り返したいと思ってしまうことになりかねない。

たとえ財産的欲求に駆られたバカが入っていなくても、紛糾の理由はいろいろ出てくる。

前述したように、百の家族には百の事情があり、千の家族には千の事情がある。さらにそれぞれの配偶者という存在がある。先ほどの例で言えば、長男の妻は、夫が高卒で働かなくてはいけなかったから、いろいろ損をしたと長男以上に感じているかもしれない。次女の夫は、次女以上に冷遇されてきたという口惜しさを抱いているかもしれないのだ。そうなってくると、紛糾にさらに拍車が掛かる。

親の介護がなかったとしても、揉めてしまう可能性はこのようにあるのだが、介護が絡むとさらに複雑で、重いことになる。

それは、命というシビアな要素が関わってくるからだ。

両親ともピンピンコロリはまず期待できない

健康寿命という言葉がある。「健康上の問題で日常生活が制限されることなく生活できる期間」と定義される。平均寿命は男性81・41歳・女性87・45歳だが、健康寿命のほうは男性72・68歳・女性75・38歳とされている（令和元年の厚生労働省データ）。

もちろん個人差はあるが、男性は約9年間、女性は約12年間の、支援・介護を必要とする期間があるということになる。

亡くなる直前まで元気に長生きして、最後は寝込まないであっさりと死ぬというぃわゆるピンピンコロリ（ＰＰＫ）は、多くの人が理想として望むが、なかなかそうはいかない。ましてや両親と配偶者の両親４人が揃ってピンピンコロリで、介護は無縁であった、というのはかなりレアなケースとなる。

介護が必要な高齢者を誰が支えるかは、かつては主として長男の嫁が担わされてきた。戦前は、それと引き換えに長男は親の財産を独占的に相続できた（家督相続制度）。

家督相続制度は昭和22年に廃止された。そして高度経済成長などを経て、社会公衆衛生や医療体制は向上し、栄養状態も良くなって、平均寿命は延びて高齢者人口が増加していき、それにつれて要介護期間も長期化することになった。その一方で、核家族化や少子化は進んだ。

それらを背景に、平成９年に介護保険法が成立し、平成12年に本格的スタートをして、以後何度か改正されている。介護保険制度ができたことによって、ごく簡単に言うと、要介護者は〝社会で支える〟ということになったのだが、それですべての問題が解決できて家族が介護の負荷から解放されたということにはならない。

介護保険のサービスを受けるには、それに先だって要介護認定を受ける必要がある。介護保険の利用は申請主義であるので、申請をしなければ何も始まらない。月々の介護保険料を納め、介護保険証を持っているというだけでは、利用できないのである。ここが健康保険（医療保険）との違いである。

まずは市区町村の担当窓口で認定申請をして（役所で支援事業所のリストをもらいそこに連絡をするシステムの自治体もあるし、市町村から委託を受けた地域包括支援センターが窓口となる自治体もある）、訪問調査に来てもらい、主治医の意見書提出などを経て、介護認定審査会によって、要支援または要介護の認定を受けるというのが一般的な流れになる。

要支援は1と2、要介護は1から5の度合いがある（症状が重くなるほど数字は大きくなる）ので、7段階となる。もちろん、現時点では要支援にも要介護にも該当しない、という認定がされることもある。

認定申請手続を、介護が必要な高齢者本人が行なうというのは現実的に難しい。申請書の作成をしなくてはならず、保険証やマイナンバーといったものも揃えなくてはいけない。家族の誰かがするということになる。また、申請してもすぐに認定が下りるというわけではなく、一定の時間がかかる。

要介護認定を受けたなら、ケアマネージャー（正式名称は介護支援専門員）にケアプランを作成してもらう。ケアプランは、介護サービス計画書とも呼ばれ、個々の介護対象者の心身の状態やその家族の状況に応じた介護サービスの種類や内容を記したものである。ケアプランは、本人や家族に提案されたあと、支援事業所や主治医などを交えた〝サービス担当者会議〟を経て、決定していく。ケアマネージャーの仕事は、ケアプランの作成だけではなく、定期的に家庭に訪問して変化などがないかを聞き取り、支援事業者との連絡や調整をするなど、継続的なものとなる。

こうしてケアプランが決定したからといって、それですべてがクリアされるのではない。たとえば、デイサービス施設（朝に施設から自宅に車で迎えに来てもらって、日中を施設で過ごして、夕方に車で自宅に送り届けてもらう。原則として要介護1以上の認定が必要）の利用が条件を満たしたとしても、近くのデイサービス施設が満員で受け入れてもらえないこともある。うまくデイサービス施設が見つかったとしても、朝夕に車で送迎してもらうときの対応は毎日必要だし、夜間や日祝日は原則として利用できないことが多い。費用面でも、全額公費ではなく、少なくとも1割は自己負担となる。俗に「お年寄りの保育所」とも言われるデイサービス施設は病院ではないから、熱を出しているなどの健康状態が良くないときは利用できない。デイサービス施設における利用者同士のトラブルや喧嘩もないわけではない。パラダイスとは限らないから「もうデイサービスなんか行きたくない」と拒否する高齢者もいるし、「女性ばかりで、馴染めない」と言う男性高齢者もいる。デイサービス施設のほうから「いろいろ問題を起こしてしまうかたなので、すみませんが、他の施設を探してください」と利用を断られる場合もないではない。

特別養護老人ホームに入所するのにも、かなり高いハードルがある。入所条件として、65歳以上で要介護3以上の認定を受けていることが原則として必要である。要介護3とは端的に表現すると、立ち上がりや歩行を自力で行なうことがほぼできない状態であり、常時の介護が必要となってくる。しかも要介護3の認定を受けたからすぐに入所できるとは限らない。多くの特別養護老人ホームはほぼ満室で、待機状態となっている。すなわち入所できるまでの期間は、自力歩行がほぼ困難な重い要介護者を、家族の誰かが看ていかなくてはならないことになる。

訪問介護サービス（ホームヘルパーが自宅を訪問して、食事・排泄・入浴などの身体介護や買いもの・調理・洗濯などの生活援助をする）というのもあるが、利用時間や回数に制限があり、料金の一部自己負担も生じる。しかも同居の家族がいるときは、訪問による生活援助は原則として受けられない。これらの行為は、家事として同居の家族がするべきだという制度になっているのだ。

介護は終わりが見えない

育児はもちろん大変であるが、大半の場合は、ハイハイができるようになる、立てるようになる、言葉を発するといった成長過程を経ていく。そして、だんだんと手がかからなくなっていってくれる。可愛い幼児の澄んだ瞳や素直な笑顔には癒やされるし、仕事への活力や生きがいになってくれることもある。あと2年したら幼稚園で、その次は小学校だという青写真も描ける。

だが、高齢者の介護は真逆である。だんだんと衰えて援助が増えていく。耳が聞こえなくなったり、目が見えなくなっていくこともある。認知症となれば、わけのわからないことを口にし、徘徊(はいかい)が始まることもある。かつては壮健だった親の心身の衰退に直面するのも辛い。抱え起こすのも、幼児と違って体重があるので一苦労である。尾籠(びろう)な話になるが、排泄物の量も匂いも大きく違う。

そして、いつまで続くのかという見通しが立たない。青写真など描きようがない。重い介護からの解放は、要介護者の死しかないのだ。

こんなふうに書くと、介護などしたくないと思われる読者も少なくないかもしれない。しかし、介護は他の動物がやらない実に人間らしい尊い行動だと筆者は思っている。他の哺乳類も鳥類もそのほとんどが、子育ては一生懸命する。しかし老いた親は放(ほ)ったらかしだ。人間だけが介護をしていく。評論家の樋口恵子さんは、「介護は人間しかしない営みで、人間の証明です」と記している（岩波書店編集部編『私にとっての介護——生きることの一部として』岩波書店、82ページ）。筆者もまさに同感である。

筆者の母親が命を終えたターミナルケア病院では、同じ月に亡くなった患者の遺族の集まりがあったが、そこに参加した全員が同じような感想を口にした。その主旨は「介護は予想以上の苦労であったが、投げ出さないでやり切ってよかったとつくづく思う。時間的な負担や経済的出費も多くあったが、人としての誇りという得がたいものが残った」というものであった。

筆者自身もまったく同じ経験をした。介護離職をして約4年半にわたって、肉体的には辛い思いもし、給料を失い、退職金も年金も減らされたが、頑張ってよかったという思いでいっぱいであった。

しかし、その介護をした者の誇りは、他の兄弟姉妹の言動によって踏み荒らされることになってしまうこともある。親を任せっきりにした詫びも感謝もいっさいなく、訴訟を通じて「親の介護は、実際にはたいしたことはなかった」「それほど重い介護ではなく、退職までする必要などなかった」といった言葉が浴びせられるケースもあるのである。なぜそんなことを言うか……それは訴訟を有利にするためにほかならない。介護をした者が自分よりも多くの遺産を得ることを阻止しようとする目的で、「たいした介護ではなかった」と主張するわけである。

兄弟姉妹が仲良く平等に介護を分担したというケースは、現実には少ない。誰かが主な介護を担っている場合がほとんどと言ってもよい。そして介護をしなかった者に限って、相続は平等を主張する傾向があることは否めない。「介護は少なめに、相続は多めに」という自己中心の発想者は多いのである。

介護からは逃げるだけ逃げておいて、相続財産についてはどんどん権利主張をしていく。そのためには手段を選ばない——そういう兄弟姉妹に対して、どう対応していったらいいのか、それが本書の主な目的である。

第二章

親孝行をした者が受けた現実

――実例を踏まえて

取材を重ねることによって、親の遺産相続をきっかけに兄弟姉妹の縁が切れてしまったケースが予想していたよりも多いことがわかった。そして、介護など親のために頑張った子が報われないという傾向が強いということを知ることになった。

この章では、その実例を見ていきたい。

妹は死んだと思うことにした――B子さんの場合

B子さんは、自宅を増築して老いた両親を引き取ることにした。B子さんは長女で、会社員の夫と2人暮らしで、息子は独立して別居していた。B子さんは近くのコンビニでパートの仕事をしていたが、やがて退職することになった。初めのうちはまだ両親は元気だったが、父親は心臓疾患を抱えているうえに膝を悪くして杖なしでは歩行ができなくなり、母親には認知症のきざしが見られ始めたからだ。

B子さんには同じ市に実の妹（次女）が住んでいたので、車を持っている妹に「お父さんの定期的通院だけでも助けてもらえないか」と頼んだが、「うちにはまだ手のかかる高校生の子供が居る。それに親の面倒を看るのは長女の役割なんだから」という答えが返ってきた。

やむなくＢ子さんは父親の通院も担ったが、さらに歩行は不自由となり、母親の認知症も進んだ。Ｂ子さんは限界を感じて、どちらかを有料老人ホームに入れることを検討していることを妹に電話で相談したが、猛反対された。「両親は仲のいい夫婦なのに、離ればなれにしてしまうなんて残酷よ。そんな晩年にしたら、あなたはきっと恨まれるわ」と妹は言い残して、ヨーロッパ観光旅行に旅立っていった。Ｂ子さんは海外はおろか国内旅行も、両親を引き取って以降はできなくなっていた。

Ｂ子さんは24時間気が抜けない毎日を、帰国した妹に訴えたが「長女なのに介護を途中で放棄したら、御近所の噂にもなって、あなたが恥ずかしい思いをすることになるのよ」という返答だった。そしてＢ子さんからの電話が鬱陶しいと思ったのか、何も告げずに電話番号を変えてしまった。

Ｂ子さんの夫は、「もう何を言っても義妹は聞く耳を持たないのだ。諦めるしかないよ」とＢ子さんに言った。「等分に手伝ってほしいなんて思わないけれど、少しは手伝ってほしいのよ」とＢ子さんは答えた。介護を手伝ってくれているのは、実の親子ではない夫であった。Ｂ子さんは夫に対して申し訳ない気持ちでいっぱいだった。その夫は「義妹にいくら手伝いを求めても、暖簾に腕押しだと思う。苛立ちが募るだけ損だよ。おまえのその苛立ちの矛先が、お義父さんやお義母さんに向いてしまうことにもなりかねない。それは避けなくてはいけないことだ。だから覚悟を決めよう」と説得した。B子さんは、〝もう妹は死んでしまって私は一人っ子になった。だから親の世話をするのは自分しかいないのだ〟と思うことにした。

結局、父親を約2年間、母親については約5年半にわたる介護をした。2人とも介護認定は受けることができて、父親についてはデイサービスの利用もできたのだが、介護以降はB子さんの生活は一変した。

両親とも最後まで自宅介護をして有料老人ホームには入らなかったので、ある程度の財産は遺産として残ったが、妹は2分の1の相続権をしっかりと求めてきた。B子さんは、〝もう妹は死んだ〟と自分に言い聞かせて両親の介護に奮闘してきたが、妹は死んでなんかいなかった。

妹にとっては、何もしないで楽々手にできた遺産取得であった。B子さんは不満であったが、法律がそう定めているのだからしかたがない、と諦めざるを得なかった。

B子さんは妹に対しては、今でもいい感情をまったく持っていない。しかし、介護はしてよかったと語っている。「認知症が進行していって、母は最後のほうには私が誰なのかわからなくなってしまいました。徘徊して事故に遭わないかと心配で、夜もずっと添い寝しました。だけどそれまでは、まだら認知症ということで、ときたまなんですけど戻るんです。体調が日々違うように、認知症患者でも、ずっと何もわからなくなるのではないんですよ。夜中に私の名前を呼んで、抱きしめてくれたこともありました。そんなときに、そばに居てあげてよかったと本当に思いました」と述懐している。

筆者の母親は、認知症ではなかったが、最後はほぼ寝たきり状態であった。それでも母親とはとても濃い時間を持つことができた。筆者がそれまでまったく知らなかった母親の祖父の話や太平洋戦争中の空襲体験も聞けた。最後まで介護を貫くことができたという誇り以外にも、得たものはあった。

しかし介護がピークだった時期は、辛くてたまらず、筆者は介護者ネットワークの相談ダイヤルに電話したこともあった。いい歳(とし)をして、とは思ったが誰かに聞いてもらいたかった。電話に出てくれた女性は「私もあなたと同じように1人で抱え込まざるを得なかったので、よくわかります。365日24時間休みなしですからね」と丁寧に応対してくれた。「福祉学を教える大学の先生は、『1人で抱え込まないような介護をしましょう』『頑張らない介護を心がけましょう』とおっしゃいますが、それはあくまでも理想論ですよね。頑張って抱え込んでしまわざるを得ない人も少なくないのです。自分以外に看る人がいないということは、自分が倒れたら親と共倒れになるわけで、そんなことになってはいけないというプレッシャーもあるでしょう。だけど、あなたにしかできないことなのです。きっとあとになって、やり抜いてよかったと思いますよ」と親身に話を聞いてくれた。筆者が「親が早く死んでくれたら楽になれる、と願う自分が情けないです」と吐露すると、「私だって何度もそう思いましたよ。そこまで思い詰めなかった人は、軽い介護だったのではないですか。むしろ本気の介護をしていないのかもしれません」と自身の体験をいろいろ話してくれた。

経験者はやはりわかってくれると痛感しただけでなく、ここで投げ出したなら後悔するということを再認識できた。とてもありがたい存在だった。

もし他の兄弟姉妹に声を掛けても、仕事とか子供とか健康状態とか、何らかの理由を付けて介護を渋るようであれば、手助けすら期待できないと考えておいたほうがよさそうだ。もし嫌々ながら参加してくれても、やる気のない状態なら、被介護者にとっていい介護にはならない。

それだけではない。たとえ少し手伝っただけでも、そのことを理由にして裁判では「自分も献身的に介護した」と主張することが可能である。たとえおざなりなものであったとしても、いい加減な介護だったことをあとから立証することなどできないから、いかようにも言えるのだ。

有料老人ホームの資金を出した——C男さんの場合

あくまでも私見だが、介護に消極的な人間ほど遺産を得ることには積極的である傾向は否めないと思う。自分のことしか考えない利己的な姿勢は、その人間の性格や生きかたに基づくものだからだ。

先ほどのB子さんの場合も、妹は四十九日納骨の場で遺産のことを口にしてきた。

B子さんは、増えていくばかりの介護関係の領収証の多くを捨てていた。大きな出費としては両親を引き取るための自宅の増築があり、それについては工務店の見積書とともに領収証も残していたが、妹は「でも、姉さんが勝手にしたことでしょ。私には何の相談もなかったんだから」と猛反発した。

増築工事費は、両親の遺産の3割程度かかったので、もしそれを遺産から差し引くことになったら、遺産はかなり減少してしまう。だから、妹は認めようとしなかった。

B子さんは「他にもいろいろ費用がかかったのよ。せめて大口の増築費用くらいは」と言ったが妹は姿勢を曲げない。B子さんは、妹が電話番号を変えてしまい、新しい電話番号を知らされていなかったことを非難したが「あら、私は伝えたわよ」と言い張る。どちらが本当なのかの立証はできない。妹は「住所は変わっていないのだから手紙をくれたらよかったじゃないの」とも言った。葬儀のことは手紙で伝えたが、介護中はそのようなゆとりはなかった。それに手紙を書いても、妹が手助けに来てくれる気はしなかった。

B子さんは市民法律相談に出向いたが「自宅の増築費用を遺産から差し引くのは難しいですな。増築部分は、今後あなたたちが使うのでしょうから」という弁護士の回答であった。B子さんはやむなく諦めたものの「親を引き取らなければ、あの増築は必要なかったし、今後も空き部屋同然となって、それでもアップした固定資産税は支払わなくてはならないんです」といまだに不満である。

実際に介護のために使ったとしても、それが介護費用として認められるとは限らない。裁判所は、遺産から差し引くことには慎重だ。家族としての相互扶助の範囲内のことだと捉えているようだ。

こういう例もある。

C男さんは、実父が自力で立ち上がったり歩行することが困難になってきたので、老人ホームに入ってもらうことにした。まだ実母も居たのだが虚弱体質で、実父との体格差も大きく、老老介護をさせるのはしのびなかったからだ。父親の介護認定は要支援2ということで、特別養護老人ホームへの入居は無理だったので、有料老人ホームにするしかなかった。

C男さんはいくつか見学をしたうえで、父親の有料老人ホームを選んだ。月額費用が食費や水道光熱費を入れて20万円を少し超えたが、父の厚生年金に母の国民年金を足せばほとんどを賄（まかな）えそうだった。母もそれを了解してくれた。

C男さんは母のほうを引き取って、自宅で面倒を看ることにした。母の年金は父のほうに充当したので、母の生活費はC男さんが負担することにした。

父の有料老人ホームの入居一時金は1100万円とかなりの高額だった。父の預金は300万円ほどだったので、C男さんは自分の預金約700万円を解約して、残り100万円をもらったばかりのボーナスなど手持ちの現金で充当することにした。他の兄弟姉妹には、経済的負担をかけなかった。

その老人ホームでは7年以内に入居者が亡くなったときは、入居一時金の一部が入居年数に応じて返還される規定になっていた。父は約2年で亡くなったので、600万円ほどが返還されることになった。

それまでC男さん任せにしてきた他の兄弟姉妹は、この返還金は父の遺産になると主張した。C男さんは入居一時金の多くは自分が出したものだからと反論したが、裁判となって裁判官は「返還金はすべて父のものである」と判断した。

結果的に、C男さんは自分が出したお金である計800万円の一部が、他の兄弟姉妹に流れてしまったことになった。

その裁判官は、1100万円全額をC男さんが負担したわけではなく、またC男さんの預金700万円の解約があったとしてもそれが老人ホームの一時入居金に充当されたという証明ができていないと判断したようである。

たとえ親のためにお金を出していたのだとしても、それは親へのプレゼントであるので、親の財産となる。返還金は親の遺産となるので、相続財産の一部となる……という理屈が根底にあるのかもしれない。

C男さんからすると納得できるものではなかったが、そういう裁判が現実にあった。

Ｃ男さんの兄弟姉妹は裁判において、「親のために大金をすぐに出すことは通常では考えられず、親がタンス預金をしていてそれを充当したと捉えるほうが普通だ」と主張していた。担当裁判官は兄弟姉妹の言い分のほうに理があると考えた可能性もある。

これを防ぐには、預金７００万円を解約したその日に、手持ちの現金と合わせて有料老人ホームに送金をして振込依頼書を残し、なおかつ他の兄弟姉妹にも送金に同席させて「この原資はＣ男さんのお金だ」という一筆を取っておくくらいのことが必要だったのかもしれない。

「いただき相続人」が想定外だった――Ｄさん親子の場合

Ｄさんは、幕末から続く和風料理旅館の経営者の長男として産まれた。小さい頃から跡取りとして期待され、調理師学校に通い、料理の腕を磨いた。

３歳年下の妹は、女将として多忙に働く母親を間近で見て「あんな人生は送りたくない」と反発し、繁忙期の旅館の手伝いも拒否した。高校時代から音楽バンド活動を始めて、卒業するとすぐに若いミュージシャンと同棲を始めた。そのあと鳴かず飛ばずのミュージシャンとは別れて、シンガポール人男性と国際結婚をして、海外移住となった。

その下の弟は、父親が調理師学校に入れて兄（Dさん）の補佐役にしようとしたが、自分には向かないと、すぐに中退した。そして家出同然に飛び出して、コンパニオンをしている年上女性と21歳で結婚したが、定職には就いていなかった。そのあと約2年後に高速道路で飲酒運転事故を起こして亡くなった。事故に巻き込んでしまった被害者がいて、父と母はその事故の損害賠償もした。そのあと母親は病気で他界した。弟の死と賠償による心労も響いたのかもしれなかった。

父親にとっては長男のDさんだけが希望の星であった。Dさんはその期待に応えて料理の腕をさらに磨いて、常連客を増やし、予約が取れないほどに繁盛させた。Dさんの妻も、母に代わって若女将としてお客の接待から従業員の管理まで休む間もなく働いていた。問題は料理旅館の老朽化であった。老舗の雰囲気を残しつつ、地震などの災害にも強い構造にするために、Dさんはまずは床下の基礎補強をしたあと、営業を続けながら一部屋ずつを新しくする方法を採った。全部を取り壊して建て替えるよりも工費は高くついたが、伝統を守るためにそのほうがいいとDさんは考えた。

父親は工費の借金はしたくないという方針だったので、これまでの貯えを惜しみなく改築に注ぎ込み、その結果、見事な仕上がりになった。お客は遠方からも来てくれるようになり、予約はさらに取りにくくなった。父親は新しくなった料理旅館に大いに満足していたし、自分がずっと気に掛けながらもできなかった大改築をしてくれた長男のDさんに感謝もしていた。

そこまではよかったのだが、約3年後に父が地域の商店振興会の集まりに参加中にクモ膜下出血で倒れて、すぐに病院に運ばれた。Dさん夫婦は懸命に介護したものの帰らぬ人となった。海外在住の妹とはまったく疎遠にしていて、連絡先もわからなかった。弟はすでに他界していた。葬儀はDさんが喪主となって、近くの寺院で行ない、常連客や近隣住民が多数訪れて偲(しの)んでくれた。

百箇日も終わらないうちに、妹と弟の妻から連名で内容証明郵便がDさんに届いた。あとからわかったことだが妹は、幼なじみで近くで小さな美容室を営んでいる同級生に頼んで、実家の状況をことあるごとに知らせてもらっていた。大改築が終わって繁盛していることも、父が地域の商店振興会の集まりで倒れて亡くなったこともキャッチしていた。

弟の妻は再婚していたが、弟が事故死したときに懐妊していた。男児を出産して、連れ子として再婚したのだ。元々、妹と弟は仲が良かった。弟の死後も弟の妻は、妹と連絡を取り合っていた。

内容証明郵便には、妹と弟の子供（まだ未成年者なので弟の元妻が後見人となっている）には、父の財産の相続権があるので主張する。両名は、旅館の第三者への売却を考えている、という旨が書かれてあった。

旅館の所有者は、父親であった。いくらDさんが頑張って繁盛させ、そうやって稼いだ資金で大改築ができたのだとしても、旅館は所有名義人である父の遺産であった。遺言書はなかったので、Dさん、妹、弟の子に3分の1ずつの相続権がある。妹は外国人と婚姻して海外在住であったが、それは影響しない。弟は亡くなっていたが、弟の子供は代襲相続（弟に代わって弟の相続権を受け継ぐこと）ができる。弟が亡くなった時点で胎児であってもかまわない。弟の妻が再婚したことも影響しない。弟の妻は、御丁寧にも弟と子供のDNA親子鑑定までしていた。

手を組んだ両者の持ち分は合わせて3分の2となる。Dさんはたとえ寄与（親への貢献）が認められたとしても、2分の1を超えることにはならない。持ち分は多いほうが強い。せめて母親が生きていてくれたならよかったのだが、無い物ねだりである。かりに父親に借金があったとしたなら、2人は絶対に現われることなく知らん顔を決め込んで、Dさん1人が黙々と返済していっただろう。父親は弟の交通事故の賠償もしたが、その詳細はわからず弟の子供の相続分が減るということもなかった。

結局、Dさんは精魂込めた料理旅館を手放すことにした。磨いた腕前は誰にも取られない。料理旅館は無理でも、割烹店を開くことはできる。鳶（とんび）に油揚げをさらわれた心境であったが、法律がそうなっている以上はしかたがないと諦めることにした。

このように、他の相続人がひょっこり現われて、おいしいところだけを横取りしていくこともある。「いただき相続人」や「笑う相続人」と呼ばれるそうだが、血統主義で相続権が決まり、寄与貢献分はなかなか認められないか、たとえ認められても少額である。そんな現行法制度と裁判の現実では、Dさんとしてもどうしようもない。「介護は少なめに、相続は多めに」どころか「介護はゼロ、相続はいいとこ取りで」ということさえ、可能なのだ。

リウマチの身で介護をした――E子さんの場合

E子さんの母親は、シングルマザーとして働きながらE子さんと3歳年下の妹の2人を育てたが、正社員ではないパート労働者であったので、年金は充分ではない。住まいもエレベーター設備のない古い公営賃貸住宅である。老いが目立つようになってきた母親は4階までの上り下りがきつそうだったので、近くに住むE子さんは、母親の部屋を1階に替えてもらった。空き部屋が多くあったので、引っ越し費用は少し要ったが、すんなり実現できた。

そのあと母親はさらに老いが進み、物忘れも多くなった。E子さんは、母親の要介護認定を申請した。しかし、これといった病気を抱えているわけではなく、物忘れも認知症とまではいかないということで、介護認定は要支援1となった。

E子さんとしては母が独り暮らしを続けることには不安だったが、E子さん自身も数年前から慢性のリウマチを患い、最近では外出には車椅子を使うようになっていたので、母を引き取ってやっていける自信はなかった。「お母さんはこのままではよくない。何とかしなくては」と妹に相談したが「私は看ない」とそっけない返事だった。E子さんは「私が母を引き取っても充分なことはできないのよ」と食い下がったが、妹は「私は、お母さんのせいで苦労した。衣類はいつもお姉ちゃんのお古だった。高校生のときからアルバイトをしなくてはならず、部活もできなかった。大学はおろか専門学校にも行けなかった。そして結婚しようとしたら、相手がバツイチの子持ちということで猛反対された。私にとっては、お母さんは毒親なのよ。毒親の面倒なんか無理だわ」と返してきた。

E子さんはやむなく、リウマチの身でありながら母親を自宅に引き取ることにした。さいわいなことに、夫も娘も協力的であり、夫には経済負担をお願いし、娘には介護の手伝いを頼んだ。

E子さんの娘は、叔母（E子さんの妹）がまったく介護をしないということが理解できなかった。祖母は貧乏ながらも2人の子育てを懸命に頑張ってきたのだ。叔母だけでなく母も、高校時代にアルバイトをしていたと聞いているし、高卒で働くことになった。叔母は結婚に猛反対されたということだが、祖母の見立てどおり、叔母の結婚生活は長くは続かなかった。

E子さんの娘は、リウマチを抱える母に負担を丸投げする叔母の姿勢がどうしても許せなくて、介護の分担を説得しようと叔母の家に乗り込んだ。酒に酔っていた叔母は「毒親というよりも、財産がないから看ないのよ」と本音を洩らした。「お金がないのは、ウチだって同じです。余裕なんてありませんけれど、祖母の年金で足りない部分は父が出しています」と娘は叔母に反論した。そうすると叔母は、「あなたの家の財産があるとかないとか言っているのじゃなくて、あの母親の財産のことなのよ。遺産なんて、ほとんど残らないじゃないの。見返りなしに、タダで尽くせるわけはないでしょ」と答えた。

遺産があれば揉めることも多いが、遺産がなかったなら揉めないとは限らない。遺産がないときは、親の押しつけ合いになる例も少なくない。

E子さんの娘は、祖母の介護に母とともに携わって最期を看取ったことが契機で、大学は社会福祉学科を選んで、卒業後はケースワーカーになった。ケースワーカーとしてはまだ駆け出しだが、彼女は「日本の福祉は、頑張った人には案外と冷たいです。祖母の場合も、シングルマザーとして苦労しながらも非正規社員として働いてきて真面目に年金保険料を納めており、少ないながらも年金があったので生活保護の受給はできませんでした。生活保護を受けていたら、施設に入りやすかったかもしれません。働ける体力があってもろくに働こうとせずに、年金通知を無視して納めないようないい加減な人に対して、むしろ日本の福祉は優しくて支援をします。矛盾を感じてしまいます」と語ってくれた。

実家の相続を弟から求められた――F男さんの場合

F男さんの父親は、その父親から受け継いだ米穀販売業をしていたが、スーパーマーケットにお客が流れていったので廃業して、ビルの警備員として後半の人生を送った。F男さんたち2人の息子は独立し、F男さんの父親も警備員を定年退職して穏やかな余生を送るつもりであったが、妻（F男さんの親）が病気で倒れた。F男さんの父親は妻の介護を頑張ったが、約4年後に他界した。夫婦仲は睦まじくていつも一緒に行動していただけに、取り残されてしまった父親の孤独感による落ち込みも激しかった。寂しさを紛らわせようと酒量を増やし、元々良くなかった肝臓を悪くして入院することになった。

F男さんの父親は、2人の息子に「どちらかと一緒に暮らしたい」と助けを求めた。F男さんの弟は「兄さんが長男なんだから、頼むよ。でも任せっきりにはしない。お父さんのために必要なお金は、僕が半分出すから」と言った。弟はその1年前に脱サラをして、自宅の一部をカフェにしており、父親を引き取るスペースがないということも理由にしていた。F男さんの家も広いわけではないが、部屋は工夫すれば用意できた。そのうえF男さんは古風なところもあって、「長男なんだから」という言葉に弱かった。

弟は、ときどきF男さんが引き取った父親のところに顔を出し、言葉どおり介護費用の約半分を負担し、空き家となった実家のほうにも頻繁に出向いて、玄関周りの清掃や裏庭の雑草刈りを行ない、屋根や雨戸などの修繕をしてその費用も負担した。実家は築年数が経っていて老朽化していた。

F男さんの父親はそれから約3年後にさらに肝機能を悪くして再入院して、闘病生活を送ったが死去した。遺言書はなく、遺産分割となったが、弟は「実家の相続をしたい」と言い出した。F男さんは突然のことなので返事を保留したが、弟はすぐに弁護士を立てて家庭裁判所に遺産分割調停の申し立てをしてきた。調停では対面しての話し合いはできないので、F男さんは戸惑った。

F男さんは比較的あっさりした性格だったが、F男さんの妻が、法的手段に訴えてきた弟のやりかたに納得しなかった。F男さんは調停で弟の実家取得に反対したが、自分が不利であることを思い知らされた。F男さんが「長男だから実家を受け継ぎたいです」と言っても、調停委員は「いつの時代の話をしているんですか。長男であることなんて、理由にはなりませんよ」と取り合わなかった。F男さんは、父親を引き取ったことを次の理由にしたが、「親を引き取ったかどうかは、不動産の継承にはほとんど影響しないというのが、これまでの通例です」と調停委員は説明した。

不動産の継承については、まずそこに住んでいるかどうかが重視される。F男さんのケースでは、弟もF男さんも実家に住んでいないのでこの点での優劣はない。そうなると実家の管理を誰がしていたかというのがポイントになる。弟は定期的に裏庭の雑草刈りや玄関周りの清掃を行なっており、そのときの写真を調停に提出していた。屋根や雨戸の修繕などもしていたので、そのときの領収証も示した。

どうやらF男さんの弟は、初めから実家の継承を狙っていたようであった。F男さんはしかたがないと引き下がり、弟が不動産業者に依頼した査定額をもとに、その2分の1の現金をもらうことで調停を終えた。

Ｆ男さんはそのあとから、地下鉄が延伸して実家の近くに新しい駅ができる構想があることを知った。弟の妻が、その噂をいち早く聞きつけていたようであった。

Ｆ男さんは「調停は終わりましたが、弟との仲はすっかり悪くなり、もはや他人同然の状態です。延伸となった地下鉄の新しい駅は噂どおり造られて、弟は実家に移り住んで、カフェ兼自宅にしました。駅から近くて通りにも面しているので、カフェにはかなりの客が入っていると友人から聞きました。私のほうは、そちらには全然足は向かなくなりましたね。それと、弟が提出した不動産業者の査定も相場より低いものでした。いくつかの不動産業者に査定を依頼して、一番低い金額のものを出したようですね。今ごろわかったのでは、もう後の祭りですがね」と振り返る。

不動産業者による「査定」は、近隣の取引事例などをベースにした簡易なもので、業者によって差が出ることも少なくない。Ｆ男さんは弟が出してきた不動産業者の「査定」の金額をそのまま受け入れたが、不動産鑑定士による詳細な「鑑定」を行なっていれば、金額は違っていたかもしれない。

F男さんは「私の女房は汗をかいて、父親の介護や入院付き添いを一緒になって頑張ってくれました。だけど、いい思いをしたのは、今ではお洒落なカフェのママに収まって涼しい顔をしている弟の妻でしょうね。なんだか人間不信に陥りそうです」と不公平さに納得できない様子であった。

F男さんの場合は実家に価値があったことで、兄と弟が仲違いになってしまったが、逆に実家が価値のない陋屋(ろうおく)やゴミ屋敷だった場合は、所有をしたがらない相続人同士で押しつけ合いの争いになる。解体費用や親の遺品の処分費用を負担したくないのだ。

入居一時金0円に飛びついた――G子さんの場合

G子さんの母は、父が亡くなったあと独り暮らしをしていたが、緑内障を患い、神経痛を悪化させていた。腎臓の持病もあり、このまま独り暮らしをさせておくのは不安であった。G子さんは2人きょうだいで弟がいたが、弟に相談しても「仕事が忙しくて、時間の余裕がまったくないよ。それに介護は女の役目だろ。よろしくやってよ」と耳を貸さない。母もまた、自分が実母(G子さんの祖母)を介護したことがあり、「介護は女がやるべきよ。いくら息子でも男だから、入浴の介助なんて恥ずかしくて頼めない。料理も全然できないし」と弟には頼ろうとしなかった。母は専業主婦であったが、父の遺族年金がもらえた。

町工場に経理担当として勤める独身のG子さんは母を手助けするため往復2時間かけて通っていたが、最初は土日のどちらかだったものが、土日とも行くようになり、さらには仕事終わりにも1回、2回と増えていき、限界を感じていた。G子さんの母が住む自治体は高齢者が多くて、特別養護老人ホームは入居待ち状態が続いていた。しかも母は要介護2なので、入れそうにない。少し離れた市に、入居一時金0円の有料老人ホームがあることを聞いて、G子さんは母をそこに入れることにした。母は借家暮らしだが、引き払えば家賃は浮く。老人ホームで必要な月額利用料は、父の遺族年金では少し足りないが、そこはG子さんが負担することにした。

だが、入居一時金0円に飛びついたのがよくなかった。かつて企業の独身寮として使われていた建物で、築年数は新しくはなく、個室とはいえ畳敷にして約5帖しかなく、トイレは共用であった。介護スタッフも常に募集中で人手不足で行き届かない。しかも入居者の中には夜中に大声を張り上げたり、財布や物がなくなったと疑いを掛けまくる人もいて、母は怯（おび）えさえ抱いていた。そのうえ、施設は改修工事とスタッフ確保のために待遇改善をすることを理由に、月額利用料の値上げを通告してきた（2022年に値上げをした老人ホームは約23%あり、月額利用料は平均で8～9%上がったというデータがある……株式会社TRデータテクノロジーの調査）。

居心地が良くない老人ホームで、これ以上の負担は払う気になれないので、G子さんは値上げを機に母の退去を決め、自分の家に引き取ることにした。老人ホームから出られることを知って、母はホッとした表情と久々の笑顔を見せた。G子さんは、老人ホームに入れたことで母の健康状態が悪化した気がして、責任も感じた。G子さんは会社を退職して、母の介護に専念することにした。そのことを聞いても相変わらず弟にとっては他人事で、何の手助けもしようとしなかった。

約3年半後に母は他界したが、母にとってはあの追い込み状態のような老人ホームにずっと入っていなくてよかったとG子さんは思っている。ただ、弟の姿勢にはいきどおりを感じることになった。母が残したわずかな貯金に対して、2分の1の相続権を求めてきたのである。G子さんが引き取って食費などを負担してきたから、少しだが年金も残った。あのまま施設に入っていたら、赤字となっていた。しかも母が入居するまでにも、G子さんは交通費を負担して頻繁に通ったし、借家だった実家を家主に明け渡すための清掃や不用品処分費用も負担した。だが、厚顔な弟は「俺には半分の相続権がある」と譲らない。ほどなくG子さんは諦めた。遺産額はそれほど多くはないので、弁護士に頼んだなら費用のほうが高くついてしまうからだ。

老人ホームに入れることができたら介護はそれで卒業というわけではない。人手不足の施設が充分なケアをしてくれないこともあるし、施設と被介護者の相性が合わないことも少なくない。さらに施設のほうから匙を投げて、「これ以上の入居を続けていただくことはできません」と退去を求めてくる場合もないわけではない。そしてG子さんのケースのように月額利用料の値上げを通告されることもある。

施設自体が立ちゆかなくなり、倒産する場合だってある。入居一時金を払っていたなら、倒産となると返金されないことになりかねない。そうなったなら、新しい老人ホームを探すことも、厳しくなる。もう一度新たに入居一時金を払えるリッチな人など、ごくわずかだろう。かといって安価な特別養護老人ホームは、待機者が多くてなかなか入れない。評判のいい特別養護老人ホームはさらに入居が難しくなる。

こうして介護難民となったお年寄りは、結局のところ、見るに見かねた家族の誰かが介護者として看ることになる。だが、次章で詳しく見ていくように、介護を引き受けた者の苦労は、相続面ではあまり、いや介護者が費やした時間や労力や費用と比較したなら、ほとんど顧みられることがないというのが実情なのである。立て替えた介護費用の遺産からの返金もなかなか認められない。そういう負担は家族なのだから当たり前、というふうに裁判所は解釈しているのだろう。

積み上げたキャリアを捨てた――H子さんの場合

H子さんは3姉妹の末っ子である。父親はH子さんが大学を出て4年目に急死した。H子さんは大学を卒業したあと、3年間は私立高校の非正規の国語担当の講師として勤め、その仕事ぶりが認められて正規の教諭として採用された。姉2人は結婚して、実家を出てそれぞれ子供をもうけていた。

専業主婦であった母親は、人見知りをする性格で、学校時代からの友人やママ友もほとんどおらず、御近所づき合いも、定年後に町内会長も務めた夫に多くを任せていた。夫婦仲は良かっただけに、父親を亡くしたあとは塞ぎがちになっていた。

父親の死から約2年後、母親は脳疾患を患った。勤務先から帰宅したH子さんは異変に気づいてすぐに病院に搬送したが、右半身に後遺症が残った。

H子さんは介護認定の申請をしたが、その手続は予想していたよりも煩雑であった。要介護・要支援認定申請書、母親の介護保険の保険証、申請者であるH子さんの身分証明書、主治医の病院名や氏名、といったものを提出し、そのあと訪問調査を受けた。退院した母親にどのくらいの運動機能や生活機能などが備わっているか（見方を変えれば、残存しているか）を調べるための訪問である。そのあと1次、2次のプロセスを経て、要介護度の認定がなされる。

申請が立て込んでいるようで、1ヵ月近くかかって要介護1の認定がなされた。

認定がされても、それですぐに介護サービスが始まるわけではない。介護事業所からケアマネージャーに来てもらって、ケアプランを作成してもらい、契約を結ぶ必要がある。H子さんとしては、母親の入院や介護申請などで職場に迷惑をかけていたので、なるべく早く介護を始めたかった。そこでケアマネージャーが早く来てくれる介護事業所にしようと探したが、なかなかすぐにというわけにはいかなかった。ようやくやってきたケアマネージャーは、頼りない印象を受けた。H子さんが質問しても、明解な答えは返ってこず、スマホで調べる有様だった。それでも早い介護開始をH子さんは優先させた。

その間、２人の姉はほとんどサポートをしてくれなかった。「お母さんが大変なのよ」と電話しても「私も最近は体調がすぐれなくて、そんな余裕がないのよ」「こっちもまだ幼い子供を抱えていろいろ大変なんだから行けないわ」という返答だった。結局、母と同居しているH子さんが１人で背負い込むしかなかった。

H子さんは、仕事のある平日は母親にデイサービスを利用してもらい、夜と休日は在宅で看ることにしようと考えた。デイサービスは9時から17時までということでH子さんの出勤から帰宅までの時間のほうが長いので、玄関をナンバー錠にして、デイサービスの送り迎え担当職員に開け閉めをお願いした。

そうやって態勢を整えたのだが、母親がデイサービスに馴染めなかった。デイサービス施設では、みんなで合唱をしたり、風船つきゲームをしたりして過ごすのだが、「楽しくない。全然つまらない」という感想を述べ、１週間後には「行きたくない。ストレスが溜まる」と通所を拒み始めた。

すぐにケアマネージャーに電話連絡したが「御本人さんが嫌だとおっしゃるのなら、強制することはキビシイです」という答えが返ってきた。H子さんはその日の仕事を休み、ケアマネージャーに会いに行ったが「いい解決法があるのなら、私が教えてもらいたいです」とつれない対応だった。しまいには「私が担当している要介護者は他にもたくさんいます。受け持ちできる上限いっぱいの人数を抱えているんですよ。H子さんのお母さんだけを担当しているわけではありません」と苛立ちを見せた。それでもH子さんはケアマネージャーに何度も頭を下げて、デイサービスの施設を変更してもらうことにした。

しかし、新しいデイサービスに通い始めた母親は、今度は3日目にして「やっぱり行きたくない」と言い出した。何とかなだめすかして行ってもらったが、お昼前に「お母さんが気分が悪いと倒れられて、提携先の病院に運びました」と電話が入って、H子さんは急きょ休暇を取って、駆けつけた。医師は「MRIでは、脳にとくには異常は見られないのですがね」と首をひねった。H子さんの目にも、ベッドの上の母親は苦しそうには映らなかった。

家に連れ帰ってじっくり話を聞いてみると「前のところ以上に、嫌なことがある」とポツリと言った。詳しく問いただすと、古くから通い続けているボスのような女性がいて、「今度の新入りさんは、挨拶もできないのね」と、その取り巻き連中とともに、やんわりとイジメてくるというのだ。

H子さんはケアマネージャーに電話をしたが、「そういうことは珍しいことではありませんと面倒くさそうに答えた。そして「あなたは学校の先生をなさっているのですから、イジメや登校拒否への対応は慣れていらっしゃるのではないですか」と付け加えてきた。H子さんは、「デイサービスと学校とでは違います」と電話を切った。

ケアマネージャーを替えてもらおうかとも思ったが、また似たようなケアマネージャーが担当になるかもしれない。それに問題の本質は、他人に馴染めない母親の性格にあるのではないかとH子さんは考え始めた。それまで友だちらしい友だちもおらず、夫と子供の世話に明け暮れた人生を送ってきた。高齢になって障害を抱えたうえで、急に違う世界に飛び込むことになったなら、ストレスを感じても当然かもしれない。

そう水を差し向けると「あんたはわかってくれるんだね。あんな幼稚園児みたいなお遊戯をやらされるよりも、慣れたこの家で自由に暮らしたいんよ」と答えた。脳疾患の影響から か記憶力は減退していたが、感情面は変わらなかった。いや、頼りにしてきた夫を亡くしたことで、以前よりもナイーブになっていた。

H子さんは、教員を退職して母親に寄り添う意を決した。何回か授業の代行を同僚にお願いしており、もうこれ以上の迷惑はかけられなかった。

中高生向けの通信添削をする仕事を教師仲間が紹介してくれた。その収入と母親のもらう遺族年金で、何とかやっていけそうだった。正規の教員になったばかりのH子さんには貯金はあまりなく、退職金もわずかであったが、必要なときはそれを使うことにした。母親のことが優先だった。

相性が合わなかった担当ケアマネージャーには、「今後はもう介護保険を使わないし、あなたの世話にもなりません」と伝えた。「ああ、そうですか」という短い答えが返ってきただけであった。

それから11年が経ち、母親は老衰で亡くなった。脳疾患はほとんど悪化しなかった。H子さんは、自分が寄り添う決意をしなかったら母親はもっと早くに亡くなっていたと思っている。その意味では退職したのは正解だった。だが、自分自身の人生のことを考えると、無念さはある。正規の教員になるために非正規の講師として頑張って、ようやく認めてもらえた。その職を失い、交際を始めていた同僚の理科教師とは破局した。彼は通信添削の仕事を紹介するなど、協力もしてくれた。けれども、H子さんのいつまで続くかわからない介護生活を見て、「待っていたら、俺はオッサンになってしまうな」とつぶやいた。人と協調するのが苦手な母親のほうも、彼とは慣れ親しんでくれそうになかった。H子さん自身も、もし彼と結婚しても、介護者と妻の役割を両立していける自信はなかった。ましてやそこに子育てが加わったなら、空中分解しかねなかった。

母を亡くしたH子さんは、40歳近くになっていた。その年齢で正規の教諭に採用してくれる学校は、公立も私立もなかった。進学塾の講師の職に何とかありついたが、1年ごとの契約更新がされる不安定なものであった。婚活サイトにも登録したが、40歳近いとなるとなかなか良いオファーもなかった。

そして2人の姉から、相続をどうするのかという提起がなされた。母親とずっと暮らしてきた家にH子さんが住み続けるのには異議はないが、不動産価格の3分の1ずつの代償金を支払ってほしいと求められた。それだけでなく姉たちは、H子さんが母親の年金を生活費に使っていたことを問題にした。母親のために使った分はしかたがないが、H子さんが自分の食費などの生活費に使った分は返却すべきだと言われた。H子さんは「私は母親のために、せっかく正規の教諭になれたのに退職したのよ」と反論したが、「それはあなたの勝手よ。辞める必要なんてなかったはずよ」と聞き入れない。

トラブルを好まないH子さんは、実家を売却することにした。そして自分の相続分である3分の1の売価を、母の年金を使った相当分だとして姉たちに渡した。

実家を出たH子さんは小さなアパートを借りて、塾講師を続けている。教員時代の交際相手だった理科教師はとっくに結婚して、今では学年主任を務めていて教頭候補だ。H子さんは、もう結婚も子供を持つことも諦めた。姉の子供たちは、すくすくと成長して高校入学や成人式を迎えている。その姿を見ると羨ましく思うこともあるが、これが自分の人生なのだと自身に言い聞かせている。

親のために学生マンションを建ててあげた――I男さんの場合

I男さんは、大学進学で親元を離れ東京に出ていたが、卒業後は出身地に戻って地方自治体の公務員となった。学生時代に不動産会社でアルバイトをしていたこともあって、宅地建物取引士の資格を取得していた。両親は年の差婚で、ほどなく父親は定年を迎えようとしていた。まだ若かった母親は、I男さんが大学生のときに、同窓会で再会した高校時代の元カレと焼け木杭に火がつくこととなり、父親と離婚してその元カレと再婚をした。実家を離れていたI男さんには詳しい事情はわからなかったが、実直だけが取り柄で何かにつけて消極的で、もはや出世の見込みもなくて風貌も老いが目立つようになってきた父親に愛想を尽かしたようであった。父母は、元々あまり仲は良くなかった。遠縁の縁者同士で、双方の親が勧めた結婚だったということは、I男さんも聞いていた。

I男さんには妹が1人いるが、短大を出たあとはOLとなって独立して暮らしていて、会社の同僚との結婚を目前にしていた。

I男さんはアルバイトをしていた頃から気になっていたことがあった。父親は実家とは別に祖父から受け継いだ土地を持っていた。古くからの知り合いの夫婦に安価で貸していたが、今はその夫のほうが亡くなり、残った妻が1人で住み、空いている広いスペースを家庭菜園として野菜を作っていた。周辺には空き地や農地もあり、以前はそれほどの価値のある土地ではなかったが、名門私学が近くにある広大な果樹園を買い上げて、そこに一部の学部のキャンパスを移転したことで、周辺の環境が変わった。新しいキャンパスは鉄道会社の駅からは離れていたが、大学は通学シャトルバスを運行することで対応した。駅前には、若者向けの店が登場し始めていた。

父親が持つ土地は、駅からはかなり離れていたが、新しい大学キャンパスへは自転車を使えば数分で行ける。全国から新入生が集まる知名度の高い大学である。アルバイト時代にI男さんは学生マンションの入居仲介も手がけたが、4年間で卒業していく大学生は回転率が高くて、そのぶん権利金が多く入る。たいていは親が家賃を出していて、不払いもめったになかった。

I男さんは父親に学生向けワンルームマンションの建設を勧めたが、父親は「賃借人がいることだし、追い出しなどできない。それに定年間際のこの齢で、新しいことをするのは二の足を踏む。サラリーマンしかやってこなかったので、建築のことも税金申告のこともわからない。貯金もそんなに多くはないから、銀行に融資を頼まなくてはならない。定年前に借金はしたくない」と否定的だった。I男さんは有給休暇を取ってアルバイト時代に世話になった信頼できる上司を訪ねて、アドバイスを求めた。上司の意見は「それは願ってもない好機だ。ぜひやるべきだ」であり、建築会社も紹介してくれた。

I男さんは父親を説得したうえで動き出した。現在の賃借人に対しては、新しいマンションに今と同額の安い家賃で入居できることと、家財道具を収納するための倉庫を敷地内に無償提供することを条件に、時間はかかったが同意を得ることができた。建設中は近くに家を借りてもらうことになるが、その家賃の半分も持つことにした。

上司に紹介してもらった建築会社を訪ね、設計段階から詳細にI男さんは詰めた。近隣からは、建設によって陽当たりが悪くなるという苦情も出たので、対応に当たった。建築基準法上は適法でも、やはり感情面での不満は出る。工事中の騒音も嫌われる。手土産を携えて、一軒ずつ回った。I男さんは持っている有給休暇を、すべてワンルームマンションのために使った。

税務申告に備えての勉強もした。当時は減価償却として定率法が認められていて、定年前の年功序列型賃金が高い父親にはそれを使うほうが適していた。I男さんは、父に代わって確定申告もしてあげることにした。それと並行して、賃貸仲介業者も回った。アルバイト時代に世話になった会社はこの地域には支店を持っていなかったので、探す必要があった。

当初はなかなか乗り気にならなかった父親も、綺麗なワンルームマンションが完成すると喜んだ。新築ということもあってすぐに満室となり、建築費のローンや税金を支払っても、父親の給料の半分以上の収益が毎月残った。やがて父親は定年を迎えて年金生活だけとなったが、経済的に不足のない生活を送れることになり、趣味のゴルフや旅行を楽しんだ。その一方で会社同僚と結婚したI男さんの妹には、2人の子供が産まれた。父親は、孫を可愛がり、妹のところに足繁く通った。

父親にとってはいいことずくめであったが、長くは続かなかった。海外旅行から帰ってきた父親は体調不良を訴え、医者嫌いの父親のためにI男さんは大学病院に付き添った。精密検査の結果、膵臓癌が発覚した。転移もあるので抗癌剤による化学療法が行なわれたが、副作用で父親は苦しんだ。I男さんは友人の紹介で知り合った女性との結婚を控えていたがそれを延期して、仕事帰りにも土日にも、連日病室を訪れて励ました。主治医からは、癌は進行しているので回復の可能性はとても低く、化学療法も効果は限定的で、退院はできるが完治ではないと捉えてほしいと言われた。

父親には限られた余生をなるべく楽しく暮らしてほしい、とI男さんは考えた。退院した父親とできるだけ多くの時間を過ごすことにした。

I男さんは妹にも、孫を連れてたくさん会いに来てほしいと頼んだが、妹は「幼い子供に、老いさらばえて痩せていくおじいちゃんの姿は見せたくない、それに3人目の妊娠もしているので、私自身も簡単には行けない」と言われた。

父親は医師からの告知は直接には受けていなかったが、症状が重いことには感づいていて、退院後も「まだ死にたくない」を繰り返していた。I男さんは、なるべく父親が快適に過ごせるように気を配った。父親は「孫に会いたい」と妹に電話したが色よい返事はなく、父親は落ち込んだ。I男さんも妹に「連れてきてくれないか」と電話したが、「もう去っていく老人のことよりも、これからの未来のある子供たちのほうが大切なのよ」と言い、「簡単に『連れてきて』なんて無理強いしないでよ。兄さんは男だから、妊娠中がどれだけ微妙で大事な時期なのかわかっていないのよ」と答えた。妊娠中のことを理由にされたなら、I男さんは二の句が継げなかった。

約4ヵ月後、父親は再入院し、その病院で息を引き取った。病院では、他の患者が孫に囲まれていて、父親は羨ましそうに見ていた。I男さんは出産を間近に控えた妹は無理でも、2人の孫には一目会わせてやりたいと迎えに行ったが、妹の夫から「子供たちにはショックが大きいので、行かせたくないです」と拒絶された。

他界した父親の葬儀には妹夫婦は来てくれたが、孫は夫のほうの実家に預け、身重の妹も火葬場には同行しなかった。

そして初七日法要には、妹の夫だけが参加し、相続のことを持ちかけられた。「勤め先の会社の経営が傾いているので、脱サラを考えています。早く開業資金がほしいので、お願いします」ということであった。「まだ初七日なのに」とI男さんは困惑したが、「義兄さんは公務員だから、会社が潰(つぶ)れて仕事がなくなってしまう不安が理解できないんですよ。それに、うちには小さい子供が2人いて、3人目もほどなく産まれます」と妹の夫は申し出を控えようとしなかった。

その翌日に、妹の弁護士だという男性から電話があり、「お父さんの遺言書はなかったのですね?」と確認がなされた。父には1日でも長く、楽しく生きてほしかった。遺言のことなど話題にすらしなかった。

妹の弁護士は、「依頼人さんは急いでおられますので、恐縮ではありますが早く進めていきたいです」と事務的な口調で言った。そしてI男さんは、その弁護士と会うことになった。弁護士は、妹の持つ2分の1の相続権を前面に押し出してきた。そして実家をI男さんが取得して、学生向けワンルームマンションを妹が相続するという提案をしてきた。

I男さんにとっては、学生向けワンルームマンションは自分が苦労して建てたものであったが、名義はあくまでも父親のものだった。I男さんは「検討させてください」と答えたが、妹の弁護士は家庭裁判所に調停を申し立ててきた。父親に人生最後の時間を有効に過ごしてもらうことに心を尽くし、亡くなったあとはI男さんはその喪失感にも襲われていたが、何もしないわけにはいかなかった。

I男さんは勤める地方自治体が無料法律相談を設けていたので、そこで弁護士に相談をした。「あなたがいろいろと頑張ったということですが、ワンルームマンションはお父さんの名義で建てていて、収入も毎年お父さんの名前で確定申告をしているのですから、全部お父さんの資産と扱われて、すべて相続対象になることは避けられないでしょうな」という回答であった。

I男さんは、得心がいかなかった。あくまでも父親のためにワンルームマンションの建設を頑張ったのであり、死期が迫った父親のために何もしようとしない薄情な妹のために力を尽くしたのではなかった。有給休暇を使い、アルバイト時代の上司に会いに行き、建築現場や賃貸会社に何度も足を運んだ。交通費はすべて自腹であり、毎年の確定申告もしてあげていたが、もし税理士に頼んでいたなら報酬が必要であった。元から居た賃借人の説得や近隣からの苦情対応も簡単なことではなかった。

I男さんの妹はそういう苦労はいっさいしないで、毎月の収益が望めるワンルームマンションを、タダ同然に手に入れようとしていた。

調停が始まったが、調停委員はあまりI男さんの言い分を聞き入れてはくれなかった。「あなたがお父さんのためにいろいろ動いたのは本当のことかもしれませんが、それを証明できますかね。建築工事の契約者はお父さんですし、ローンの名義人もお父さんです。毎月の家賃の振込先も、お父さんの口座ですよね。どう見ても、お父さんが築いたマンションになりませんかね」と調停委員はそっけなかった。I男さんは「僕の貢献は考慮してもらえないのですか」と反論したが、「これまでの裁判例を見ても、そういうのはなかなか認められないでしょうね。あなたが実家を相続して、妹さんがワンルームマンションをもらうことにすれば、2つある不動産を1つずつ分けたことになります。それで対等ということになりませんか。2つの不動産の価格差は、お父さんの預金で埋めればいいのです。妹さんはそれを希望しておられます」と答えた。

I男さんは諦めて、調停を受け入れることにした。父親は目の中に入れても痛くないほど可愛がっていた孫たちには結局会えずじまいで終わってしまったが、孫たちには何の責任もない。いずれはあのワンルームマンションを孫たちが相続して、財産にしていけるのなら、きっと天国の父親は喜ぶだろうと考えたからだ。

それに、I男さんとしても妹との縁を切りたくないという理由もあった。妹が望む結果を聞き入れてあげたなら、感謝もされるだろうと思った。

けれども、妹との関係はむしろ悪くなった。妹は「相続権は当然の権利なんだから、感謝なんかしない」という言葉を、脱サラをしてバイク用品店を開いた妹の夫を通じて伝えてきた。一周忌法要にも、妹の夫が短時間顔を出しただけであった。妹とはどんどん疎遠になっていった。

数年後、妹の夫はバイク用品店を閉めた。経営がうまくいかなかったようだった。そして、隣県に転居した。その際に、あのワンルームマンションは売却されてしまった。赤字がかさ

んでいた店の借金返済に充当されたようだった。父が可愛がっていた孫が受け継いでいって
くれることは、幻想に終わった。

第三章

法律や裁判所はどう考えているか

——親孝行はボランティアなのか

前章のB子さんからI男さんまで、共通しているのは、親のことを考え、親のために動きそして尽くした親孝行な子だということだ。その兄弟姉妹は、知らん顔を決め込んでいたり、ほとんど協力しようとしていない。

ところが、親が亡くなって遺産相続ということになったら、両者は対等に扱われる。ときには他の兄弟姉妹のほうがトクをする結果となってしまっている。

これらは、レアなケースだけを取り上げたわけではない。

そのような不条理なことになってしまっているのは、現行の法律や裁判所の考えかたや姿勢に起因すると筆者は捉えている。

この章では、その法律や裁判所の考えかたや姿勢を見ていきたい。

葬儀費用は誰が負担するのか

その前に、まずは介護というアングルをいったん離れて、親が亡くなったときに必要となる葬儀費用や墓地代金について少し触れておきたい。

都市と地方で差があるかもしれないが、かつては自宅で行なわれるのが普通であった葬儀や通夜は、葬祭会館で行なわれることが増え、身内だけの家族葬というのも珍しいことではなくなった。墓地も先祖代々の菩提寺に、ということではなく、少子化などを背景に永代供養やお墓のマンションのような形も増えてきている。さらに海上散骨という選択肢もある。

社会は様変わりしているのだが、裁判所の考えは、「葬儀の費用は喪主が負担する」「墓地に関する費用は祭祀継承者が拠出する」というものである。

家族葬ではない葬儀の場合でも、樒（しきみ）は辞退して、香典も遠慮するというスタイルも最近ではかなりの割合となっている。

相続税法では、葬儀にかかった費用は相続財産から差し引いて控除して相続税申告をしてもよい、とされている（相続税法第13条）。端的に表現すれば、死者のための葬儀費用は死者の財産から出してもよい（遺族の負担にはしない）ということになる。ところが、裁判所の考えは、喪主という特定の遺族の負担とする、というものなのだ。死者の配偶者が先立っているときは、多くの場合は長男もしくは長女が喪主となることが多いが、喪主の個人負担となるというのが、判例の立場である。

このことはあまり知られていないと思われる。もしあなたが喪主となり、親の遺産から葬儀費用や戒名代を出してしまったなら、不当利得だと裁判所から認定される可能性が高い。

不当利得ということになったら、年率3％という現在の低金利時代からするとかなり高めの法定の利息を付けて遺産に戻さなくてはいけない。香典はいっさいもらっていないなら、まさに身銭を切ったことになる。それに対して、喪主にならなかった兄弟姉妹の負担はゼロである。

〝喪主をしたら損をする〟ということになると、喪主を引き受けたがらない者も出てくるだろう。はたしてそれで現代の社会情勢に合っているのだろうか。下手をすれば、葬儀もなされない死者が続出することになりかねない。現に、遺体の引き取り手のいない行旅死亡人や独居老人は増えている。

墓地代金や墓石費用や戒名刻印料については、〝祭祀継承者〟が負担するというのが判例として定着している。

祭祀継承者というのは、墓や仏壇などを受け継ぐ者と定義されていて、誰が祭祀継承者になるかについての法的な定めはなく、慣習や死者の意向に従うとされている。たいていは長男が、男子がいないときは長女になることが多いようである。先祖代々の墓がないときには、散骨する場合以外は墓地を用意しなくてはいけない。しかし遺産から墓地を購入することはできないし、散骨したとしてもその費用も遺産から出してはいけないというのが、裁判所のスタンスなのである。

すなわち、葬儀費用も墓地代金も、長男・長女といった特定の個人の単独負担とされている。はたしてそれでいいのだろうか。

「互いに扶け合う義務」はあるのだが

民法第877条1項は、「直系血族及び兄弟姉妹は、互いに扶養をする義務がある」と定めている。また民法第730条には「直系血族及び同居の親族は、互いに扶け合わなければならない」と書かれている。

直系血族というのは祖父母・親・子・孫というタテの繋がりであるから、老親に介護が必要になったときは、子供にその責任があることは確かである。けれども、親が子供を扶養しなくてはならない義務ほどは重くはなく、しかもその内容もはっきりしていない。

たとえば、親が養育放棄をしていれば、児童相談所などの機関が介入して、施設入居などの措置が執られ、場合によっては親は保護責任者遺棄罪に問われることもある。主管官庁として、こども家庭庁が置かれ、対応専用ダイヤル「189」もある。

ところが、独り暮らしの老親が足腰が思うように動かなくなって子に助けを求めたときに、子がそれを冷たく無視したとしても、同じような対応がされるであろうか。重い要介護者は、幼い子供と同等、ときにはそれ以上のケアが必要になってくる。だが、親を扶養する責任が誰に、どこまであるのかは明確ではない。またその責任からのがれようとする者に、強制力を行使できるシステムにはなっていない。「自分の生活に精いっぱいで、とても余力がない」ということなら、子には親を扶ける義務はないというのが現実の法解釈のようである。本当に余力がないのかどうか、を実態調査することも行なわれていない。すなわち、極言すれば、親の介護を回避することはそんなに難しくないことになる。

「キーマンを見極める」

ケアマネージャーの世界では「キーマンを見極める」という言葉がある。介護が必要になったとき、家族の誰が中心になるのかを定める作業が求められる。何かあったときの連絡はキーマンに対して行ない、キーマンと話し合って方向性を決めたり、変更したりする。つまり、子供が複数いたとしても、その役割は1人が主に担うことになり、平等にはならないのが普通であるということを、実務者は経験を通して理解しているということではないだろうか。

現実問題として、前章のF男さんのように「長男なんだから、頼むよ」とか、G子さんのように「介護は女の役目だろ」といった非現代的な理由から、他の兄弟姉妹から介護を押しつけられるケースは少なくない。子供たちも自分たちの家庭を持つと、そちらのほうが大事と考え、経済的な負担もしたくないと思ってしまうことも否定できない。もちろん、親と仲が良くないとか親に対しての不満をかねてより抱いているといった感情的な要素もあるだろう。

キーマンとして主たる介護者を担ったかたたちに接して、筆者が抱いた印象は、思いやりのある優しくて真面目な性格で、いわゆる〝人のいい人物〟が引き受けるという場合が多いということである。

介護される側から見れば、家族に看てもらえば細かい気配りをしてもらえて、ワガママも言える。同居なら、24時間態勢で緊急事態にもフォローしてもらえる。体調のいい日には日常会話を楽しむこともできるし、ときには買いものや散策に連れていってもらうこともできる。入浴時間も基本的に随時で自由だ。

いわゆる高級老人ホームとされる施設でも、なかなかそうはいかない。たとえば夜中にリンゴが食べたいと思っても、リンゴを剝くことまではサービスには入らないと契約上されていることもあるし、食中毒防止の観点から部屋に冷蔵庫を置けない施設もある。入浴介助も決められた時刻に週3回、といった制限のある施設も少なくない。とりわけ夜間は、少数の当直者で何人もの入居者を担当するから、なかなかキメ細かく対応するというのも現実的に難しい。人手不足でヘルパーや職員が足りていない施設もあるし、離職率の高い職種でもある。

しかも被介護者にとって、ヘルパーや職員は他人であるからどうしても遠慮がちになる。施設で共同生活をする入居者たちも、他人同士であり、気を遣う。だいいち、施設入居となると、たいていはあまり馴染みのない土地で、がらりと生活環境が変わるのだ。

高齢になってからの環境や人間関係の変化は、身体的にも精神的にも負荷が掛かる。生活の質（QOL）という観点からは、住み慣れた自宅または馴染みのある子供の家で、家族から手厚い支援をしてもらうことほどありがたい老後はないであろう。

大津市在住の増本千佐子さんは『長寿社会を生きる――健康で文化的な介護保障へ』（石田一紀・池上惇・津止正敏・藤本文朗編著、新日本出版社、34～40ページ）の中で、「最後までその人らしく生きるために」という寄稿で、在宅介護をした経験を綴っている。

夫を亡くした増本さんの義母は熱海に介護付きマンションを購入したが、周りと融和できず腰痛で入院して、病院でも看護師たちとうまくいかず、持て余した看護師たちの署名運動によって退院勧告を受けてしまうことになった。そのときの体重は35キロで、認知症も加わり、当時90歳であったが「この性格では治療も難しい。どうか肉親に引き取ってほしい。多分あと3ヵ月の命でしょう」と院長に言われた。増本さんは、あと3ヵ月間だけでも幸せに生きてほしいと義母を引き取った。夫のサポートを得ながら、懸命に介護を続け、食事に気を配り、会話をしながら、義母が得意だった洋裁を試みてもらうなどさまざまな工夫をすることで、義母は少しずつ体力も回復し、認知症も悪化することなく、増本さんに手を合わせて「あなたは神様みたい」と感謝の気持ちを表し、99歳7ヵ月まで生きることができた——これなどは、身内による在宅介護によって被介護者が幸せな最晩年を過ごすことができた好例ではないだろうか。

老親を目の当たりにした子の選択

子供たちから特別養護老人ホームなどの施設に入ることを提案された親は、たいてい困惑すると言われている。「まだまだ自分の力でやっていける」「この街には愛着がある。使い勝手のわかった今の家がいい」「苦労しておまえたちを育ててあげたのに、面倒を看てくれないのか」といった反応が多いようである。さらには「そんな姥捨山には行かない」といった露骨な拒絶もある。

施設にはどうしても入りたがらないが、どんどん老いていって独居は限界にきている……そんな老親を目の当たりにしての子の反応は、あえて大きく分けると2パターンだろう。「このままだと、親はろくに動けないまま苦しんで死んでしまうかもしれない。そのような親不孝な放置は、するべきではない。自分や自分の家族は多少は犠牲になるかもしれないが、親を引き取ろう」と考えるか、「親は親、自分は自分だ。施設に入らないのは親の選択だ。その結果、何かあったとしてもそれは親の自己責任で、知ったことではない」と突き放して考えるか、だ。

前者の子たちのほうが、人として評価されるという点は、異論はないであろう。後者の子たちは、それぞれの事情があるにせよ、親を捨ててしまったも同然ではないのかと批判されてもしかたがない。

さて、「法律や裁判所はどちらの子の味方をするのか」と問われれば、「後者の子のほうが経済的にトクをする結果に軍配が上がる」と筆者は答える。

先ほどの葬儀や墓地費用のことを考えてみてほしい。葬儀を出してあげないと親がかわいそうだと喪主になった者が葬儀費用を単独負担させられる。無縁仏などダメだ、と墓地を購入した者は祭祀継承者として、墓地代金や毎年の管理料が自己負担となる。三回忌などの法要費用なども出捐（しゅつえん）することになる。知らん顔を決め込んでいたほうは、経済的負担をしなくて済む。それでいて、相続財産についてはどちらも平等の権利がある。

介護が必要な老親を引き受けるとなると、期間や程度にもよるが、葬儀のような一度限りの負担ではない。終わりが見えないのが介護なのだ。

レジャーや旅行などを我慢するどころではなく、介護のために離職しなくてはいけない者もいる。夜中に飛び起きて救急病院に運び込まなくてはならないこともある。そこまでいかなくても、「お腹が空いた」「水が飲みたい」「背中をさすってほしい」といったこまごまとした対応が24時間求められる。認知症の傾向があれば、さらに負荷がかかる。

そして、老親の通院・入院費や食費などを、自分のお金から持ち出すことになる場合も少なくない。

そういったことは、基本的に家族として相互扶助の範囲内であり、多くの行動は自主的なものであり、あたかもボランティアかボランティアに近いもののように、裁判所は捉えているというのが、筆者の印象である。

介護の負担を裁判所はどのように算定するのか

親に対する「特別な寄与」が認められたなら、他の相続人よりも多い遺産取得を法律は認めている（民法第９０４条の２）。すなわち親の介護を担った者が多めに遺産を得るということは、法的には可能なのである。しかし現実には、裁判所によってそれが認められるハードルはとても高い。そして、たとえ認められたとしても、その額はけっして多くはない。

まずは「特別」でなければならない。親のために手の込んだおせち料理を作ってあげたとか、死ぬまでに見ておきたいと親が言っていた景勝地に連れていってあげたといった程度は「特別」にはならないというのが、裁判所の考えである。それくらいのことは家族なのだから当然とされている。たしかに、このような単発的なものは、それほどの負担にはならないであろう。しかし、老身や病身の親を引き取って、連日連夜の面倒を看る場合は、レベルが違う。

裁判所は、「子がどのような介護を行なったのか」よりも「親がどのような病状の程度にあって、どれだけの介護を必要としたか」を重要視する。その結果、親が要介護２以上でないと、子がどんなに手厚い介護を日常的に行なったとしても「特別」にはならないというのが基準とされている（片岡武・菅野眞一編著『家庭裁判所における遺産分割・遺留分の実務』第4版、日本加除出版、337ページ）。

すなわち、要支援1や2、さらには要介護1の段階では、「特別」にはならない。そしてさらに要介護2以上であっても、それだけでは要件を満たさない。

通常は親子でもそこまではしない、というのが「特別」とされる。たとえば、本来なら介護保険を使ってヘルパーの派遣をしてもらえるのだが、ヘルパーの代わりに子供が同居してすべてを担ったときは「特別」とされるようである。ただ、そのときに得られる「寄与」の算定は低い。要介護度に応じてヘルパーの派遣時間は決まってくるが、その時間分が上限となり、ヘルパーに支払われる報酬分が「寄与額」とされ、しかもプロではないという理由で、報酬分の7割程度に減額される（同著、343ページ）。

倒れた親のために施設を探すことになり、その間に自宅での療養看護を子が行なった場合でも「特別の寄与」にはならないとされている（同著、347ページ）。この場合は、要介護2以上の場合でも、認められないようである。

裁判所のスタンスは、「親子の情愛に基づいてなされるものに対して、金銭的対価・報酬を与えることは馴染まない。よほど特別な場合を除いて」ということなのかもしれない。たしかに、介護を引き受けた子供の大半は、遺産目当てではない。「親が生きているうちに、自分にできる精いっぱいの親孝行をしよう」という純粋な気持ちからの行動である。

しかし介護が終わって、「引き受けた子供」と「引き受けなかった子供」とには差がないと扱われてしまうと、感情面での不公平感が湧いてくる。介護の期間が長く、重いものであったときはなおさらである。長くて重い介護を引き受けた者は、ときには人生を変えてしまっている。たとえば、介護のために退職をしている。自分の家族に犠牲を強いている場合もある。自分の財産からの持ち出しをしていることも多い。

前章のE子さんは、リウマチを抱える不自由な身であったが母親を引き取った。H子さんは先の見えない介護をしたことで結婚を諦めることになった。

だが、それだけ頑張ったことが裁判所という公的機関から低くしか評価されなかった、もしくはまったく評価されなかったときは、虚しさがつのるのではないか。

けっしてお金のためにやったのではないのだが、介護をしなかった子供のほうが、結果的にトクをするとわかったときは、裁判所によって自分が尽くしたことが否定されたような感覚を抱いてしまうのだ。

親が要介護2以上でないと「特別な寄与」にならないというのが裁判所の基準だが、要介護2というのは7段階ある要支援・要介護の真ん中の段階であり、けっして軽くはない。要介護1であっても現実はかなり大変である。要介護1というのは、「食事・排泄・着替えはなんとか自分でできるが、疾病や外傷等により心身の状態が安定していない状態や認知機能や思考・感情等の障害により予防給付に関する理解がむずかしく、日常生活能力や理解力が一部低下し、部分的な介護が必要となる状態」（井戸美枝著『図解　２０２１年度介護保険の改正　早わかりガイド』日本実業出版社、79ページ）とされており、現実にはかなりのサポートが必要な状態なのである。また後述のように、介護保険財政が逼迫している現況では、実際よりもワンランク軽い介護度の認定がなされることもある。

通院に付き添うことは、家族として通常期待される範囲内にあり、「特別の寄与」にはならないとされている（前掲『家庭裁判所における遺産分割・遺留分の実務』第4版、３３４ページ）。

しかし介護保険でヘルパーに来てもらったときは、通院のためにタクシーを乗り降りするときの介助まではしてもらえるが、長い時間にわたる通院付き添いまではしてもらえないのが、介護保険上のルールとなっている。

すなわち、病院への付き添いは基本的に家族がするしかないことになるが、それは「寄与」にはならないのだ。車椅子が必要な状態の親とともに病院に向かい、長い待ち時間を過ごし、診察室に同行して医師からの諸注意を洩らさず聞き、会計を済ませ、処方箋を交付してもらい、薬局で薬を受け取るという一連の行為を、毎週のように続けることは並大抵のことではない。急に親の体調が悪くなって病院に向かうことも少なくない。

その一方で、何もしなかったほうの子は、労力面でも経済面でもまったく負担をしなくていい。

それでも、相続権は平等になるのだ。

あくまでも私見であるが、裁判所が「特別な寄与」をなかなか認めないのは、その判定の難しさがあることも原因だと考えている。裁判官はさまざまな案件を抱えていて超多忙である。相続問題だけでなく、いろんな民事案件を抱えている。できれば、手間の掛かることはしたくないというのが本音ではないだろうか。

他の相続人が、介護を担った相続人の貢献を認めたならすんなりいくのだが、遺産が減ることに敏感な相続人も多い。そしてそういう相続人ほど介護を避けたがる傾向にある。

〝直系血族間の扶け合う義務〟というのは、子から親に対しては、そもそもどの程度のものなのか、曖昧なものである。だから、その曖昧なものに含まれるとしておいたなら、「特別な寄与」の算定を裁判官はしなくて済む。

介護からの逃げ得をする方法

本書は、介護からの逃げ得を許さない、という視点から書いている。具体策は次章以降で展開したいが、実は介護からの〝逃げ得を許さない〟方法を実行するのは簡単ではない。むしろ介護からの〝逃げ得をする〟ほうがずっと容易なのだ。それは、現在の法律や裁判所の方向が、結果的に逃げ得を事実上容認しているからにほかならない。

逃げ得を指南する意図で、以下の方法を書くのではない。他の兄弟姉妹がこういう姿勢に出てきたなら逆方向を考えてほしいという趣旨である。

（1）親の介護が必要になったときは、参加したくても参加できないという理由を列挙する。仕事が多忙でとても休めない、自分の子供の学校が大変だ、夫婦仲が良くない、健康面での問題を抱えている……本当でなくてもとにかく理由を並び立てる、ケアマネージャーからキーマンの打診があったときも、とにかく断り続ける。キーマンを引き受けたら、無償の重い責任が掛かってくる。だから、なりたくても物理的になれない、と言って逃げる。ケアマネージャーも、キーマンの押しつけはできない。とりわけ健康上の理由を持ち出されたなら、ケアマネージャーは諦めて他の兄弟姉妹への説得にかかるだろう。

（2）他の兄弟姉妹には「申し訳ない」「恩に着ます」と詫びておくが、あくまで口頭で詫びる。のちのち証拠になってしまうメールでのやりとりはしない。

（3）時間があれば、茶菓子程度のものを携えて、親を引き取った兄弟姉妹のところを訪れる。親が入院したと聞けば、花を携えて見舞いには行く。たとえ訪問や見舞い程度であっても、あとで「介護を手伝った」あるいは「手伝う意思はあった」と申し開きをすることができる。どれだけの介護をしたか、あるいは介護をしなかったかは、裁判となってもなかなか具体的に立証できるものではない。何らかの外形を残しておけば、あとになって言いのがれや申し開きができる。

たとえ介護に差があっても、裁判所はそれを「特別な寄与」とはなかなか認定しない。しかし、100対0は避けたほうがいい。そのための外形とアリバイは作っておく。携えた茶菓子や花の領収証は、のちのちのために残しておく。

（4）とっておきの切り札がある。「自分は親の相続財産については放棄をする」と他の兄弟姉妹に公言しておくのである。これについては、言葉だけでなく、文書にしてもよい。むしろ、文書のほうが他の兄弟姉妹も納得するだろう。署名して捺印しておけば体裁も整う。捺印は実印にしてもよい。この文書を差し出して、「だからキーマンなど親のことは全部引き受けてほしい。本当にすまない」と口頭で言っておけば完璧だろう。他の兄弟姉妹は、「相続の放棄をするとまで明確に言うのなら、介護をしなくてもしかたがないな」と受け止めるだろう。

ところが、このような〃親が亡くなる前の相続放棄〃は、たとえ署名捺印があっても意味がないというのが法律の立場である。いくら署名捺印があっても、捺印が実印であっても、裁判所は単なる紙切れとしか扱わない。

まるで詐欺のようなものなので、道義的な点では問題があるが、法律的にはこのような文書を差し入れていても、何の効力も持たない。親の死後でないと、相続の放棄は認められないからだ。だから親の死後には、堂々と相続権を主張できる。

（5）親の死後は弁護士を立てる。それも依頼人のために忠実に働く弁護士を選ぶ。そして法的手続に移行する。そのあとは兄弟姉妹が何を言ってきても無視をする。弁護士がすべて盾として矢面に立ってくれるのだ。裁判になっても、本人には出頭義務はない。弁護士の陰に隠れて、言いたいことだけを主張できる。

(6) これらのことによって、「介護は少なめに、相続は多めに」は実現する。キーマンとなった兄弟姉妹は介護のために、時間的にも経済的にもさまざまな負担をしているのだが、それをしなくて済んだのだから、たとえ対等の相続分となっても、結果的に「多め」となる。

弁護士費用は掛かるが、いわば必要経費だ。それによって弁護士を矢面に立たせることができるので、兄弟姉妹の責めるような目を見なくて済むし、文句を直接に言われることもない。他の兄弟姉妹もいざ裁判となったら弁護士を雇わないことには、法律的素人では太刀打ちできない。弁護士費用はどちらもが出捐することになる。

以上の(1)~(6)が、介護からの逃げ得をする方法だ。やろうと思えば、誰にだってできる。亡くなった親が草葉の陰から悲しんでいるといった発想もしない。すなわち、金の亡者になりきってしまうわけだ。法律も、裁判所も、介護の義務と相続の権利を表裏一体のものとは考えてはいない。これさいわい、なのだ。

しかし「そんな厚かましくて狡猾なことは自分にはできない。だから自分の兄弟姉妹もそこまでするわけがない」と受け止める読者のかたも多いだろう。けれども、人間とは弱い存在でもある。大きな犠牲をともなう重い介護が必要な事態にいざ直面したときは、本能的に保身を考えてしまう。早期退職など自分の人生を変えなくてはいけないことには、二の足を踏む。なるべく損失はしたくない。我が身が大事なのだ。

そして親が亡くなって、遺産がもらえるとなったなら、目の色が変わってしまう。もう今後まとまった財産を手にすることができない年齢になったなら、なおさらである。そして介護の重荷を背負うことは永遠になくなった。究極の不労所得が可能になったのだ。調停や訴訟になっても、前面に立ち、汗をかいて働くのは雇った弁護士だ。自分はその陰に隠れて涼しい顔をしていることができる。

兄弟姉妹なんて、どうだっていい。自分には配偶者も子供もいる。兄弟姉妹の世話になんかならない。それに、兄弟姉妹の遺産の相続権が自分に回ってくることはまずない（他の兄弟姉妹に配偶者も子もいないときに、ようやく兄弟姉妹である自分が法定相続人となれる）。だから、兄弟姉妹とはもう音信不通になってもかまわない――そう考える人は案外と多いのが現実だ。

兄弟姉妹の血の繫がりは「三下り半」同然の一枚の弁護士受任通知で、あえなく切れてしまうのだ。

金の亡者にどう対応するか

もしあなたの兄弟姉妹が右記のような金の亡者になってしまったとき、対応は大きく分けて2通りだろう。

1つめが……財産が欲しくて親の介護をしたわけではないのだから、向こうが好きなようにすればいい。親の遺産などアテにしていないので、くれてやる、である。

2つめが……自分のことしか考えない人間は受け入れられない。介護にはさまざまな苦労がともなうものである。頑張った者と頑張らなかった者が同等というのはおかしい、だから戦う、である。

どちらを採るかは人生観にも関わってくる。

筆者は、2つめに近い考えになった。前述のように、法的手続に出られたなら、兄弟姉妹でありながらAと膝を交えて話し合いをしていく機会はなくなってしまった。それでも、調停や裁判を通じて、介護中の母親の状態がどうであったかを伝えることはできる。あくまでも調停委員や相手方の弁護士を通訳のように介しての形となるが、思いを陳述することは可能である。

もしも兄弟姉妹の好きなようにすればいいという1つめの選択をしたなら、その機会はもうないと考えた。現に訴訟が終わったあとは、まったく音信不通の絶縁状態となっている。Aの現在の携帯電話番号もメールアドレスも筆者のほうは知らないままである。母親がどのような状態であったかは、調停や訴訟を通じて伝えるしか機会はなかった。

第四章

調停と裁判の現実

調停委員は中立だが……

先に述べたように相続争いや遺産分割については、まずは家庭裁判所での調停がなされる。調停は1回が長くても2時間ほどで、月に1回（もしくは2回）程度開かれる。近年は調停の件数も多く、調停室には限りがあり、また弁護士が代理人となっているときは多忙な弁護士のスケジュールをぬって調停期日が決められていくから、そう頻繁には開かれない。時間が限られていて、しかも双方が一つの部屋で相対するのではないから、とにかく遅々としか進まない。調停委員は中立の立場から慎重に進めようとするから、なおさら時間がかかる。

双方から出された事実や意見が違っているときは「向こうさんはこう言っていますが、あなたとしては違いますか？」という確認はするが、調停委員は裁判官ではないから、前述したようにどちらの言い分が正しいかという判断はしない。

双方の互譲によって合意を成立させるのが調停委員の役割だが、どちらか一方でも〝絶対に妥協しない〟という姿勢を貫くときは、調停委員としてはもはやどうしようもない。そこに調停の限界がある。

裁判に移行して、裁判官に白黒つけてもらうしかない。

すなわち、どちらかに譲歩の気持ちが1ミリもないときは、いくら調停委員が努力したとしても、成案は得ることはできない。

裁判は書面主義で進む

家庭裁判所での調停が不調（不成立）に終わって地方裁判所での裁判に移行したときは、調停とはがらりとシステムが変わる。

調停では意見を口頭で言うこともできたが、民事の裁判では書面審理で進行する。自分たちの主張や見解を、双方が〝準備書面〟という名前の書面にしたためて、裁判所では「準備書面のとおり陳述します」のひとことで終わる。だから2、3分くらいで終わってしまうのが通例だ。あとは次回期日のスケジュール調整だが、むしろそちらのほうが時間がかかる。裁判所の担当部が法廷を開く曜日は決まっていて、双方の弁護士とも忙しくて、差しつかえのある日も多いからだ。

裁判所の法廷には、同時刻に別々の数件の弁護士が控えていて、書記官から名前を呼ばれた弁護士が双方の席について、裁判官の面前で「準備書面のとおり陳述します」と言って終わり、流れ作業のように別の事件の双方の弁護士が次に呼ばれて座ることも多い。

準備書面はその期日の1週間から10日前くらいまでに提出されている。

重要なのは、「準備書面」の内容が真実であるということを立証する「証拠」である。これらの証拠も、書面が原則だ。たとえば、ケアマネージャーによる記録や担当医師の診断書といったさまざまなものを証拠として提出する。当事者間で交わしたメールや手紙も証拠となる。

「準備書面」も「証拠」も、1回の提出ではまず終わらない。相手方の「準備書面」に自分の言い分と違うことが書かれていれば、次の「準備書面」で反論するし、相手方から出された「証拠」が不適切だと思うときは、新しい「証拠」を反証として出していく。たとえばメールのやりとりなら、相手方は自己に有利なものだけを提出してくるから、こちらはそうではないメールを反論のための証拠として示していくことになる。この「証拠」については、「準備書面のとおり陳述します」と述べたあと、原本かどうかを裁判官や相手方弁護士に法廷で確認してもらうこともある。原本ではないコピーの場合は証拠能力が下がる。コピーは偽造ができるからである。

地裁では何度かの「準備書面」と「証拠」の提出を繰り返し、最終的には裁判官がどちらの主張が正しいかを判定する。その判定の根拠になるのが、法律と証拠である。類似の裁判の先例（判例）も、裁判官は重視する。

当事者本人は裁判所に出廷する必要はなく、弁護士に任せる形になるが、傍聴席に座ることはできる。ただし、座っても、たいていは右記の2、3分くらいで終わってしまうやりとりを見て終わるだけである。原本の確認があってもせいぜい数分程度だ。その唯一の例外が「本人尋問」と呼ばれる機会である。事案にもよるが、2時間以上に及ぶこともある。指定された期日に、当事者（原告・被告）が出廷して、双方の弁護士から質問を受けて答えていく。裁判官から確認の質問をされることもある。このときだけ、双方の当事者が同じ部屋で顔を合わせることになる。しかし声を掛けることは許されない。質問も弁護士からしかできない。

この「本人尋問」にどれだけの意味があるかは、疑問である。すでに何度か「準備書面」のやりとりはしているのだから、どのような質問がなされるかはたいてい予想がつく。想定問答はお互いに弁護士とリハーサルをしている。

自分の弁護士からなされる質問を「主尋問」、相手方の弁護士からなされる質問を「反対尋問」と呼ぶ。「主尋問」はセレモニーと言っても過言ではない。これまでの主張を確認するだけである。「反対尋問」では、有能な弁護士にかかれば馬脚を現わしてしまうこともあるだろうが、よほどのことがない限り、その場で大きく裁判に影響を与えるような新事実は出ない。

「本人尋問」では原告・被告ともその冒頭で真実を述べる旨を宣誓するが、たとえ嘘を述べても過料（刑罰ではない課徴金）を課せられる可能性があるというだけである。第三者である証人が法廷で嘘を述べたなら刑事罰である偽証罪に問われることがあるのと大きな差がある。これは、法律自体が、「本人は嘘をつくことがある」という前提に立っていると言えるのではないだろうか。

裁判官は全知全能の神様ではない

裁判所が持つ司法権は、国家三権の一つとして大きな権限を有している。ハンセン病隔離政策や旧優生保護法をめぐる判決など、国の方針を糺（ただ）す役割も有している。だが、その司法を担う裁判官は、言うまでもなく人間である。見落としや誤判もあれば、同じような事案でも裁判官によって判断が分かれることもある。

刑事裁判においては一般市民が参加する裁判員制度が平成21年から始まり、現在ではほぼ定着している。筆者は推理小説作家の端くれとして、施行開始前からこの裁判員制度を調べ、著作も書いた。

裁判員制度導入の大きな理由となったのが、「市民の感覚と視点を裁判に反映させ、それにより司法への信頼と理解が深まることを期待する」というものであった（法務省の説明より要約）。

裁判官の大半は他の職業の経験がなく、また定期的な人事異動がなされることもあって交流する人間関係がどうしても限られるので独りよがりになりがちで、市民の常識や社会通念とかけ離れてしまうこともあるから、裁判員制度は大いに意味があると指摘する学者もいる。

もちろん、すべての裁判官が閉鎖的であるということはない。筆者は恩師の紹介で、〝日本裁判官ネットワーク〟という開かれた司法をめざす任意団体に所属する裁判官たちと知り合うことができた。彼らは『裁判官だってしゃべりたい！』『希望の裁判所』『裁判官だから書けるイマドキの裁判』などの市民向けの著作を刊行し、シンポジウムや一般市民との交流会も開いてきた。しかし、その〝日本裁判官ネットワーク〟も現役裁判官の減少やOB裁判官の高齢化や死去にともない、活動が休止に近い現状になってしまっていて残念である。

筆者は、発足の当初から現在に至るまで、裁判員制度導入には賛成であるが、刑事裁判に限る必要はないと考える。いやむしろ遺産相続、親権、離婚などの家事事件においてこそ、導入されるべきだと考えている。家事事件に関しては、調停が前置されて、市民である調停委員が担当するが、先に述べたように調停委員は互譲を促して成立させるのが役割であって、どちらの言い分が正しいのかという判断を下すことができない。また裁判に移行したあと、調停委員の意見が裁判官に具申されるようなこともない。これでは、せっかく市民である調停委員が関与しながら、市民感覚が反映されないまま終わってしまう結果になりかねないのだ。

刑事事件での通り魔殺人事件や麻薬の大量密輸事件など、普通の市民にとってはあまり身近でない事柄だと、市民感覚や多様な視点の反映と言っても、現実には難しい。だが、家事問題は、実際に経験する者は多い。たとえば、兄弟姉妹の誰かが親から結婚資金や住宅資金の生前贈与を受けていた、兄弟姉妹の誰かが家業を継いで店を大きくした、などなど一般市民生活でよくある話である。

とりわけ介護については、実際に経験した者と経験しなかった者とでは、感覚にかなりの差がある。『介護殺人――司法福祉の視点から』（クレス出版）を著した加藤悦子さんは、出版以降多くのかたがたからの感想が寄せられたが、「介護中の人々からは『介護者の置かれた状況をもっと伝えていってください』という激励など、ほとんどのかたが好意を持って受け止めてくださいました。一方、介護経験のないかた、特に男性層からは『あまりにも重い内容で、読み進むことができなかった』『今は、家族に介護が必要となるなど考えたくない』といったコメントをいただきました。これらの反応を考えると、家族を介護する実感は、やはり経験しないとわからないのかもしれません」と記している（同著・新装版出版にあたって）。

岸田文雄内閣が、育児休業中の期間をリスキリングの機会として新たな資格取得をしてスキルアップをしてはどうか、という提案をして、「育児の大変さを理解していない」「育児休業というのは休みではない」という手厳しい批判を浴びた。もしかすると、妻に育児を任せっきりにしていた男性の官僚が提言したものかもしれない。その育児よりも、介護は大変なことが多い。しかも、介護の必要は突然にやってくることもよくある。

筆者は、調停の担当となった調停委員に「介護経験はありますか?」と問いかけたことがある。男女の調停委員とも「ありません」という回答であった。調停委員は市民から選ばれるといっても、専業主婦やフリーターが調停委員になることはまずない。大学教授、官公庁の幹部元職員、公認会計士・税理士・弁護士といった士業など、一部の層から選任されるのがほとんどである。選任された彼ら彼女らは、勉学をするのに適した環境に恵まれてきたことが多いのではないだろうか。

裁判官ともなると、さらにその色合いは濃くなる。進学塾に通い、有名大学を出て、難関の司法試験に若くして合格し、さらにその後の司法修習生時代も優秀な成績を挙げてきた人たちである。

重い介護をしながら調停委員を務めたり、裁判官を続けることは、まずできない。だから、介護の実情は、なかなか理解できないのではないだろうか。

調停委員なら介護をしたあと復職ということもありうるかもしれないが、裁判官はまずそういうことはない。

日本の裁判は3審制ではない

中学校や高校の教科書には、「日本の裁判所は3審制を採っている」と書かれてある。すなわち、一般的には地裁──→高裁──→最高裁と3回裁判を受ける権利が国民にはある、とされている。

高校の社会科教員であった筆者も、「3審制によって、同じ事案であっても国民は3回まで裁判を受けることができる」と授業で教えてきた。

しかし刑事裁判ではともかく、民事裁判においては、現実はそうではない。先ほどの「準備書面」や「証拠」の提出が何回もできて、その都度いわゆる公判が開かれるのは第1審の地裁だけである。弁護士の間で「地裁が勝負の場だ」と言われるのは、そのためである。

地裁の判決に不服なら、高裁に控訴できるが、高裁では「1回審理」で終わるのが通例である。すなわち、これまでの「準備書面」や「証拠」をまとめ上げて高裁に提出して、その1回の公判で結審となる。つまり、あとは判決を待つのみで、高裁では地裁におけるような頻繁なやりとりはできないのが普通である。高裁は地裁に比べて数が少ないのに、控訴されて扱う件数が多すぎるのがその理由のようである。

最高裁となると、公判が開かれる確率はぐっと低くなる。高裁の判決に不服なときは、上告理由書と上告趣意書という文書を作成して、最高裁に送付する。そして稀に公判が開かれる（公判が開かれたときは、上告した側が勝訴することが多い）。

すなわち、最高裁ではほとんど公判は開かれず、「上告を棄却する」という決定が「事実誤認を理由にするものなので、受理すべきものとは認められない」といった短文を添えて送付されて、それで終わる。その大きな理由は、最高裁は事実認定をしないという点にある。高裁での判決が、法律解釈に明らかな誤りがあるとか、これまでの判例に反しているとか、憲法の定める原則からしておかしい、といった法律審理が必要だという限定的な場合に、最高裁の出番があるからである。したがって、まだ最高裁での公判はまったく経験していないというベテラン弁護士も多い。弁護士人生の中で、最高裁の法廷に立つことは1回あるかないかとも言われている。

そんな現実だから、民事事件においては最高裁は0・01以下の確率で公判審理がなされるに過ぎない。そして民事事件での高裁は短い審理で終わり、逆転判決が出る確率は3割台と言われている。したがって印象的には、裁判を受ける権利は1・31回ぐらい（3審制ではなく1・31審制）と言えるのではないだろうか。

すなわち、じっくりと審理に時間がかけられる地裁において、主張や証拠提出を尽くしておかなくてはいけないことになる。

裁判官の年齢構成という点からすると、地裁──→高裁──→最高裁の順に平均年齢は高くなる。地裁では、30代の裁判官が最多という印象がある。30代となると、まだ親も元気であまり介護とは無縁なのではないだろうか。中にはヤングケアラーとして祖父母の介護をしたという裁判官もいるかもしれないが、ごく少数だろう。

したがって「いつかは介護する身になるか、介護される側になる」という意識があまりない30代の若手裁判官に、実際の介護の大変さを訴えてもなかなか伝わらないというのが筆者の実感である。主張書面にいくら書いても、リアルな労苦は文字だけで表わせるものではない。

筆者は、最高裁の公判法廷に立った経験がある。高裁の判決に納得がいかず、最高裁への上告を考えたが、担当してくれた弁護士は「最高裁では門前払いになるのが圧倒的です。この私も最高裁に行った経験はありません。上告を勧めて書面作成の弁護士報酬を稼ぐ同業者もいますが、私はそういうことはしたくありません」と正直に説明してくれた。私は、それならば自分で上告をしてみようと不遜にも考えた。弁護士を使わない本人訴訟というのも、日本では可能である。ただ、法律的知識や理論、さらには裁判の仕組みを理解していないとなかなか難しいので、簡易裁判所で扱われるような事件を除いて、本人訴訟はあまり一般的ではない。だが、可能なのである。

筆者は、これまでの裁判の経緯に自分なりの意見を加えて、簡潔にまとめた上告理由書と上告趣意書を提出した。数ヵ月後に、「訴訟記録を取り寄せましたのでもう少しお待ちください」という趣旨の通知が来て、さらに数ヵ月後に最高裁の書記官のほうから「公判を開くかもしれないので、あなたのスケジュールの御都合を教えてくれませんか」という丁重な口調での電話が入った。さらにそののち、「スケジュールが確定しました。数分程度にまとめた陳述をお願いします」という電話があった。

最高裁が公判を開いてくれることになったのだ。それまで映像や写真でしか見たことがなかった東京の三宅坂にある最高裁庁舎に筆者は出向いた。第二小法廷の原告席の椅子はフカフカで座り心地がよかった。扉が開いて登場した5人の判事に向かって、筆者は陳述書を読み上げた。地裁や高裁のような「当方主張は準備書面のとおりです」といった紋切り型の短いものではなく、一字一句声を出して訴えることができた。相手側の弁護士もそれに対して、「原告の主張は受け入れることができません」として意見とその理由を陳述した。まさに裁判らしい弁論が、緊張しながらもできた。筆者は陳述の前半で、ともに敗訴となった地裁と高裁の判決のこの部分がおかしいという指摘をし、後半では「介護を経験した1人の国民として」と前置きして介護の実情を訴えた。5人の判事は、とても熱心に耳を傾けてくれたという印象を受けた。最高裁判事ともなれば、ほぼ全員が60代後半の年齢となる。同年代の友人・知人の中には、他界した者や長期入院をしている者も出始めている。もはや親の介護ではなく、自分自身がいつ介護される側になってもおかしくない年齢層なのだ。

結果として、最高裁は筆者の意見を採り入れた勝訴判決をしてくれた。ただ、最高裁では事実審理はしないので、差し戻しとして再び地裁での審理となったのである。

筆者は最高裁まで上告することをいたずらに推奨しているわけでも、ましてや自慢話をしているのでもない。

これらのことを通じて、筆者が痛感したのは、介護を経験したか、もしくは自分の問題として捉えることのできる裁判官でないと、なかなか介護者の立場を踏まえた判定はできないのではないか、ということである。

裁判官は「平等」を重視する

裁判官になるには司法試験合格が必須であるが、まずは日本国憲法から勉強する。日本国憲法の重要な条文の一つに第14条がある。その第1項には「すべて国民は、法の下に平等であつて、人種、信条、性別、社会的身分又は門地により、政治的、経済的又は社会的関係において、差別されない」とある。

平等であるということは、とても大切なことである。戦前の明治憲法における華族や貴族院議員の制度は、どの家に生まれたかという差別に基づくものであり、日本国憲法の制定とともに廃止された。

家族関係と憲法第14条に関して、重要な最高裁の判断が2つあると思う。1つは刑事事件に関して、「尊属（父母や祖父母）を殺害した場合、死刑または無期懲役に法定刑が限定されている（刑法第200条）のは、必要な限度を超えており、対象が尊属ではない殺人（刑法第199条）に比して著しく不合理な差別的取り扱いをするものであり、憲法第14条に違反する」とした昭和48年4月4日の判決である。もう1つは民事事件であり、「非嫡出子（婚外子）の相続分は嫡出子の2分の1とするという民法第900条4項は、合理的な根拠はなく憲法第14条に違反する」とした平成25年9月4日の決定である。

筆者はそのどちらにも異論はない。1つめの、尊属に対する殺人を行なったならば、どのような場合であっても執行猶予が付けられない、というのは尊属以外に対する殺人とのバランスを欠く。昭和48年の事例は、実の父親によって5回も妊娠し、出産もさせられた女性が結婚にも反対されて、耐えきれずに父親の首を絞めて殺したというケースであった。

また2つめの、婚外子（いわゆる私生児）のみが相続分を半減されるという民法の規定は、

〝父母が婚姻関係にあったか、なかったか〟という、子にとっては何ら責任がなく、選択もできない事由によって、大きな差を付けられてしまっているものであり、差別に当たると言うべきである。

けれども、それとは逆に、子にとって責任があり、また子が自分の意思によって選択した結果、差がついたことはしかたがないのではないだろうか。〝親の介護を一生懸命にしたか〟あるいは〝親の介護をしようとせずに避けたか〟ということはまさに、子が選択できるものである。

民法は「特別の寄与」として平等の例外を認めているが、裁判所が寄与の条件を厳しく限定したうえで、その額も低く抑えている現状では、かえって寄与をした者が損をしてしまう不公平が生じてしまっている。

筆者は、この不公平が生じる原因の1つが、裁判官が介護の実情をよく知らないことに加えて、「介護保険制度によって社会でケアしてくれるのだから、介護はそんなに深刻なものではない」と解釈しているからではないかと考えている。そして、中には「介護は女性の役割だ」という潜在意識のある男性裁判官もゼロではないと思っている。

介護保険制度には限界があることを
どれだけの裁判官が知っているのだろうか

介護保険制度自体に、財政面での限界が迫っているという多くの指摘がある。逆三角形型の人口ピラミッドとなっていく今後の日本で、要介護の高齢者が増大することは明らかである。年金と同じく、その支え手となる生産年齢人口の比率は減少している。これ以上の介護保険料の引き上げや税金による負担が厳しいなら、給付を減らすしかない。

すでにいくつかの自治体で財政支出を抑えるために、要介護度や要支援度を、実際よりも低く（すなわち軽く）認定するケースが見られるという（全日本民医連・介護1000事例調査報告）。そうなってくると、状態に見合った充分なケアが受けられない。

たとえ低めの介護認定がなされなかったとしても、自己負担金が払えない場合もある。介護保険が適用されても、利用料の少なくとも1割は自己負担となる。1割と言っても、毎月必要なのだから軽い負担ではない。また施設における食事代などは介護保険適用外と改定されたので、全額自己負担となる。たとえば、昼食が提供されるデイサービスを使っていたが、負担金や昼食代が捻出できず、やむなく利用をやめて自宅で家族が看ているといったケースもある。またデイサービス施設が満室であったり、介護スタッフ不足で、受け入れてもらえないこともある。

特別養護老人ホームに入るには原則として要介護3以上の認定が必要であるし、たとえ要介護3以上であっても、後述するように胃瘻や経管栄養といった日常的医療行為が必要な場合は、入居が断られてしまう要介護者もいる。

介護保険制度は、けっして網羅的とは言えないのだ。

老人ホームには入れず、デイサービスなども厳しいとなると、24時間自宅介護をするしか方策はない。介護のために仕事を辞めたなら収入はなくなるが、介護用品購入などの支出は増える。そしてそのあとは、介護貧困が待っている。

自宅で転倒しないように手すりの設置や段差の解消などの住居改修をするときは、介護保険による補助は、要介護度に関係なく上限20万円までで、そのうち2万円は自己負担となる（所得によっては4万〜6万円が自己負担となることもある）。玄関の段差をなくし、廊下に手すりを付けて、風呂場に転倒防止マットを敷き、介護入浴用の椅子を買えば、それでたいていは20万円を超えてしまう。扉を引き戸にしたり、便器を洋式に変えることまでは、カバーできない。介護ベッドをレンタルした場合も自己負担がある。紙オムツ、尿取りパッド、失禁パンツ、流動食、口腔ケアなどのさまざまな介護支出もボディブローのように効いてくる。

公益財団法人・生命保険文化センターが行なった介護費用に関する実態調査（令和3年）によれば、住宅改修や車椅子購入などの一時的な費用の合計は平均で74万円、月々の介護費用は平均で8万3000円の支出となっている。そして介護期間の平均は、5年1ヵ月に及んでいる。

生きていくのに必要なのは介護費用だけではない。衣食住から水道光熱費や通信費などさまざまな出費がかかる。要介護者であっても、月々の介護保険料は免除にはならず、支払わなくてはいけない。

そういった金額を、親の貯金や年金ですべて賄（まかな）えるとは限らない。しかも介護状態が重くなるにつれて費用はだんだんと増えていき、いつまで必要なのかもわからないのだ。

介護を担う者は追い詰められる

こうして介護を担う者は追い詰められる。経済面だけでなく、時間的にも精神的にも大きな負担を背負い込み、疲労が蓄積する。しかし休みは取れない。

あげくのはては、介護者が自殺をするといった状態に陥ってしまう。歌手・俳優として活躍した清水由貴子さんは父親の墓地で自殺をした。「ご迷惑をかけてすみません」の書き置きがあり、その傍らには車椅子に乗った認知症の母親が残されていた（２００９年5月４日、毎日・産経新聞ほか）。清水さんは有名人なので各紙が大きく取り上げたが、一般人だとスペースも小さい。介護で追い込まれて自殺する事例は珍しくないのだ。

報道によると、独身の清水さんは芸能界を引退して実母をシングル介護していたということである。妹さんがいるということだが、そのサポートはなかったのだろうか。

厚生労働省研究班の調査によると家族介護者の23％が介護うつ状態であるということだ。さらには介護殺人や介護心中という悲劇もある。介護保険がスタートしてから10年の間に介護殺人や介護心中に至った事案が少なくとも４００件を超えており、埋もれている事例もあって、「氷山の一角」という指摘もある（２００９年11月20日、中日新聞）。

介護保険制度ができたから、介護問題は解決した、とは絶対に言えないのだ。

恥ずかしながら、介護中の筆者も親に対して「早く死んでほしい」と内心思ったことが数回ある。介護は24時間必要であり、休日は１日もない。要介護者が死んでくれることだけが解放に繋がるのだ。筆者は56歳まで勤務していたので、退職金は2000万円ほどもらえたが、どんどん減っていって、介護費用と通院・入院費と生活費などで約4年半で底が見え始めた。

「介護休業や介護休暇の制度があるのだから、退職までしなくてもいいのではないか」と思う人もいるかもしれない。けれども、日本の介護休業の制度は、育児休業に比べてかなり短い。いわゆる介護休業法では、介護を必要とする家族1人につき、93日までの介護休業が認められている。この93日は、3回まで分割して（いわば細切れにして）取得ができる。法律の定めであるから、たとえ就業規則にその項目がなくても取得ができる。ここで言うところの「介護を必要とする」とは、2週間以上の期間にわたり常時介護を必要とする状態のことを指す。この介護休業とは別に、介護休暇というのがある。1年間のうち5日まで、半日単位でも休むことができる。後者の介護休暇の制度は、主に病院の付き添いのために使われることが多い。

前者の介護休業というのは、常時の介護が必要になったときに、介護保険の適用を申請して、実態調査を経て介護認定を受け、ケアマネージャーたちと面談をしたうえでケアプランを作成してもらい、被介護者を受け入れてくれる施設を探して契約をするために93日間の休業が認められていると言える。

すなわち介護休業は、自分で介護をするために設けられているのではない。ほとんどの場合、介護は93日間では終わらないのだ。そこが、自分で育児に携わることができる育児休業との大きな相違点となる。たとえ93日以内に、たとえば80日間で脳梗塞を患った被介護者が回復したとしても、被介護者1人につき93日が上限であるから、再発したときは13日間しか残っていない。成長してくれる育児とは違って、被介護者はだんだんと悪くなる。たいていは、2回目はさらに長い回復期間が必要となる。そうなったら、限られた13日間で、受け入れてくれる施設を探すのは至難の業となる。

また93日間の間に、入所待ちなどで施設に入れることができなかった場合（「入所できるのは1年先になります」と言われることは珍しいことではない）や介護保険によるプランでは介護者を充分にケアできないときは、退職して自分が看るしか選択肢がない。第二章のG子さんのように、親を老人ホームに入れたものの月額利用料が値上げされ、しかも老人ホームでの生活が症状を悪化させたと感じたことで自宅に引き取った例もあるし、H子さんのように親がデイケアサービス施設に行くことを受け入れなかったケースもある。

退職したなら収入が途絶えるだけでなく、これまで積み上げてきたキャリアは消えてしまう。H子さんはせっかく得た正規の教員の地位を捨てた。

介護離職をした者が介護終了後に再就職しても、男性は平均年収が約555万円から約341万円に約40%ダウンし、女性は平均年収が約350万円から約175万円と半減する（みんなの介護監修『決定版 介護でやるべきことのすべて』水王舎、35ページ）。そのような経済的なマイナスを負ったとしても、要介護者を放置することができないという現実がある。放置は、要介護者を苦しめるだけではなく、死期を早めることに繋がってしまうからだ。

また要介護度が高いとそれに比例して介護者の負担が大きい、とは単純に言えない。NPO法人・介護者サポートネットワークセンター・アラジン編著『介護疲れを軽くする方法――家族を介護するすべての人へ』（河出書房新社）によれば、本当の意味で家族介護者の負担が大きいのは要支援2から要介護1くらいの比較的初期の段階と言われている（134ページ）。要介護者に起きた変化や出始めた症状に、介護者は戸惑い、どのように対応すればよいのかわからないという状態に陥る。とくに認知症の場合は、妄想や幻聴などの異変や帰路がわからなくなって迷子状態になるといった行動が始まる。そうなってくると、いっときも目が離せないのだが、身体は元気なので要介護度はどうしても低い認定となってしまう。

それでは、必要なはずの介護サービスが、利用限度オーバーとなって受けられない事態にもなる。それが家族介護者のストレスを増幅させる原因ともなる。ところが前述のように、この要支援2から要介護1の状態では、裁判所は「特別な寄与」を認定しないのだ。

また日常的医療行為をともなう場合は、受け入れてくれる施設がなかなか見つからない。たとえば痰の吸引、胃瘻などの経管栄養、インスリン注射、導尿、人工呼吸器の管理、褥瘡の処置などが日常的医療行為となる。介護保険によって、自宅で訪問診療を受けることはできるが、来訪してもらえる回数には制限がある。しかも随時に必要な医療行為となると、訪問診療のときだけではとても対応できない。家族が病院での講習を受けた場合は、こういった日常的医療行為をすることが許されるので、事実上家族が担うことになる。

こういった現実を熟知している裁判官の割合は、はたしてどのくらいいるのだろうか。新聞記事や書籍で読んでいるという裁判官は少なくないだろう。しかし実体験はしていないはずだ。3~4年サイクルで全国転勤が課せられるのだから、実家の親の介護をしながら裁判官を続けるということは、まずできない。もちろん、退職して介護に専念している人はいるだろう。だが、その人はもう裁判官ではない。退職した裁判官の復職というのはめったにないことだ。

裁判官は形式的平等による相続を結論とする傾向が強い

裁判官は相続人である兄弟姉妹を平等の相続分で扱う。「特別な寄与」は簡単には認定しない。老親のために費用負担や立て替えをしていても（他の兄弟姉妹が了解しないときは）なかなか認定しない……という傾向が強いように思える。

すなわち、権利は平等でも、義務は平等ではない結果となる。いや、そもそも介護は義務とは捉えていないのかもしれない。つまり、介護は家事の延長線上にあって、家族としての相互援助の一環であるから、義務とまでは言えない——という解釈がなされているのかもしれない。

その結果として、介護を頑張った者が損をして、介護から逃げた者がトクをするという別の意味での不平等を招いている。

端的な例で言うと、前述の介護休業中は無給が原則だ。それを補塡する介護休業給付金は支給されるが、賃金の3分の2程度だ。勤務先によっては、介護休業を取ればボーナスがカットされたり定期昇給がなされないこともある。仕事と介護の両立ができないときは退職せざるを得ないが、当然賃金はもらえなくなり、退職金や年金にも少なからず影響を与えることになり、生涯賃金はかなり下がる。介護を引き受けた者はこのような経済的不利益を受けるが、介護から逃げた者は、介護休業も介護退職も関係なく、経済的な損失は回避できている。それでも相続権は対等なのだ。繰り返すが、「特別な寄与」はなかなか認定されないし、認められても多額ではない。

とはいえ、裁判官が介護の厳しさの現実を知らないことだけが、実質的な不平等の原因だとは言えない。

裁判官は、法律の解釈についての判断をするが、その法律自体が不整備だと言わざるを得ない。すなわち、立法に携わる国会議員たちも、介護の現実を熟知しているとは思えないのである。

国会議員は多事多忙な職業である。主たる介護者として自宅で老親を看ながら国会議員を続けた、という者はあまりいないはずである。重い介護との両立は事実上不可能だからだ。したがって、介護問題については、机上の議論となりかねない。

筆者が母親の通院に付き添い、会計計算ができるまで病院のロビーで待っていたときにテレビで国会の委員会中継が流れていた。野党の女性議員が福祉政策について質問をしたあと、持ち時間が余ったのか「首相は、ご自身に介護の必要が生じたときには、どうなさるおつもりですか?」と問うた。当時の麻生太郎首相は「いやあ、私は妻と歳が離れていますので、妻が看てくれるんではないかと思うてはおりますが、こればっかりは」という趣旨の答弁をして委員会は笑いの渦に包まれた。しかし、病院のロビーで見ていた人たちは「笑い事やないよ」と口に出して非難していた。

もちろん現職の議員にも、介護をした経験者はいるだろう。しかし、その期間が短かったので仕事と両立できたとか、経済的に余裕があったので介護保険で定める以上の頻度で私費でヘルパーを雇えたとか、あるいは高級有料老人ホームに入れることができたとか、配偶者や私設秘書に事実上担わせた……といった恵まれた介護だったのではないだろうか。

第五章

社会問題としての介護

増える介護難民

さて、この章ではもう少し視野を広げて、日本社会全体から高齢者の介護を考えてみたい。

前述のように、〝団塊の世代〟の要介護者が大量増加していく近い将来、介護保険財政はさらに逼迫（ひっぱく）してくる。

数字を見ても、介護保険制度創設当初の2000年の介護保険給付額は総計で約3・2兆円であったが、それが2021年には約11兆円となり、約3・4倍の給付増となっている。介護保険の財源は、介護保険料と税金が半分ずつで構成されるが、介護保険創設時の2000年度の税負担は1・6兆円であったが、2021年度は5・5兆円と大きく膨らんだ。介護保険料も増額されている（高野龍昭「情報労連リポート」2023年10月）。

なり手不足の介護スタッフ確保のためには給与などの待遇改善が必須となるが、そうなるとさらなる支出増大が避けられない。それに加えて2025年をメドに介護を支える主体は国から自治体に移行される（濱田孝一著『「地域包括ケア」の落とし穴――介護の大転換が自治体を破綻に追い込む』花伝社）。そうなれば、財政体力のない自治体は、介護保険料の値上げができなければ、介護認定の消極化が進むことが予想できる。すなわち、従来なら要介護3

の認定がされていたが、要介護2と認定される事態である。前述のように現在でも、そのような低めの認定がなされているという指摘があるが、それに拍車が掛かることになりそうである。

要介護2なら、特別養護老人ホームへの入所は厳しい。介護ヘルパーの派遣も、要介護3に比べてかなり減ることになる。

一方で、独居老人の増加も見込まれる。国立社会保障・人口問題研究所の推計によれば、2030年には独居老人世帯は日本の世帯全体の2割を占める。核家族化によって子供との同居は少数派となり、熟年離婚による独居者や生涯未婚者も増えている。また配偶者に介護の必要が出てきたのでさっさと離婚するという人も、少しずつではあるが増加しているようだ。

たとえ要介護3以上の認定を受けていても、身元引受人がいない独居老人は特別養護老人ホームに入ることは困難となる。東京都高齢者福祉協議会による調査では、特別養護老人ホーム入所に至らない理由の第2位が「身元引受人がいない場合」となっている（石田一紀・新井康友・矢部広明編著『「人生百年時代」の困難はどこにあるか——医療、介護の現場をふまえて』新日本出版社、131〜133ページ）。身元引受人がいないと、利用料の支払いが滞ったときや死亡時の退室にともなう清掃費が必要となったときなどに、施設側が利用料や費用の取りはぐれになってしまう懸念があるからだと思われる。家族がいない独居老人だけでなく、たとえ子など家族が居たとしても、身元引受人となることを拒絶したときは、それを強制することはできない。子の義務とする法制度にはなっていないのである。複数の子が居たときに、誰がなるかの法律の定めももちろんない。

そういった問題だけではない。厚生労働省が2022年に公開した特別養護老人ホームの要介護3以上の待機者は、全国で約25万3000人となっている。全国の保育園入所待機児童の約3000人と比較して、桁違いの数字である。

介護を希望していても、介護を受けられないという介護難民は、介護スタッフの人手不足と高齢者の絶対数の伸びが続く現状のもとでは、さらに増加していくことが予想されている。

社会で支える介護、というお題目が変化をする、いや変化をせざるを得ない時期に来ていると言えるのではないだろうか。

介護のマンパワー不足

介護事業所の倒産が急増している。2024年の倒産は過去最多の172件を記録した。

介護スタッフの人手不足や物価上昇が主な要因とされている。

介護スタッフの人手不足は、単なるサービス低下に留まらず、介護事故の増加という深刻な問題にも繋がる。経営が苦しいとなると、介護施設の改修や保全工事も後回しになってしまう。これも介護事故に繋がりかねない。介護事故が起きると、損害賠償の問題に発展する可能性が出てくる。多額の賠償金を支払わなくてはならなくなったことで、介護事業所が倒産した例もある。

介護保険サービスのカナメ職となるケアマネージャーの過重負担も看過できない。ケアマネージャーは、事業者に支払われる介護報酬のもとになる給付管理票の作成も担っている（伊藤周平『検証　介護保険』青木書店、84ページ）。個々の被介護者の体調によって利用休止や利用日変更などはよくあることであり、しかも介護報酬は地域や時間帯に応じてさまざまな加算があるので、そのたびにケアマネージャーは給付管理票を作成し直さなくてはならず、事務作業量は膨大になる。そのため、本来の役割である被介護者のためのキメ細かいケアマネジメントがおざなりにならざるを得なくて、肝心のケアプランも、利用できるサービスを保険給付の範囲内で機械的に組み合わせるか、利用者の負担能力に応じて組み合わせただけのケアパック化しているという指摘もある（同著、86～87ページ）。

再び家族による介護の時代が到来するのだろうか

〝社会で支える介護〟の財政が危機的なうえに、人手不足で受け入れ施設が満杯状態となっていて、ケアマネージャーの過重負担が指摘されるなど物理的な問題も解消されない現状のまま、〝団塊の世代〟全員が後期高齢者となり、さらに独居で家族もいない要介護者が増えてくると、「家族のいる者は家族で支えることが望ましい」という方向が打ち出されることになりはしないだろうか。

介護保険の被保険者を現在の40歳以上から、30歳以上に引き下げることで、介護保険収入を増やすことも検討されているが、子育ての主力となっている30歳代に新たな経済負担を求めるのは、〝異次元の子育て支援〟を唱える政府の方針と矛盾することになる。

そうなってくると、介護保険をカバーする「自助」が政府や自治体などによって唱えられ、国民に求められる時代が到来するのではないか。同じく財政が逼迫している健康保険の分野では、セルフメディケーション（病院に頼らずに、市民自身で自主服薬をして健康管理をしていく）の推進が唱えられている。

しかし、いくら「自助」を唱えられても、実行は容易ではない。現在でも「老老介護」の問題は深刻である。高齢者が高齢者を介護していくのは体力面で限界があり、介護する高齢者自身も病気や障害を抱えていることが少なくない。夫婦共倒れになってしまうおそれもある。かりに老老介護を何とか乗り切ったとしても、残されたほうの老人は、誰かが介護していかなくてはいけない。

しかし戦前のような家督相続を見返りに、長男の嫁が介護をするという時代への回帰はない。結局、限界状況が近づいている介護保険任せにはできず、子の誰かが親の介護の担い手にならざるを得ないのではないだろうか。75歳以上の後期高齢者の要支援・要介護の認定率は約32％であるから、自分の両親2人と配偶者の両親2人が75歳以上で生きていたなら、そのうちの1人か2人は、要支援・要介護の状態になるということになる。要介護度が下がる（つまり快方する）ことはめったになく、しかもいつまで続くかわからないのが介護だ。

政府が音頭を取って、現在よりも長い期間の介護休業制度が認められていくかもしれない。介護休業の間に施設を探しなさい、という現状の考えでは、施設不足・人手不足のもとでは行き詰まりになって探せないまま93日間が経過してしまいかねない。

男性の育児休業が拡充したように、男性の介護休業や介護休暇も取りやすくなる環境整備がなされていくことも予想できる。介護を担うのは女性だという意識がいまだにあるかもしれないが、現実には介護者の3分の1以上が男性で、全国で100万人を超えているという時代だ（全国社会福祉協議会の調査・厚生労働省の国民生活基礎調査）。しかし、男性の育児休業すら取りにくい職場があるという実情のもとでは、男性の介護休業となるとなおさら取りにくいのではないだろうか。

いや、男性だけではない。第二章で紹介したH子さんは、ケアマネージャーに相談するために仕事を休み、デイサービス施設から母親が倒れたという電話があったときはすぐに駆けつけることになったが、そのたびに職場の同僚に「すみません」「申し訳ありません」を連発しなくてはならず、「介護をしている自分が、まるで悪いことをしているのではないかという錯覚に陥りかけました」と話している。授業や担任の代役が簡単ではない学校現場では休むことは生徒にも影響があって取りづらく、母親に寄り添う決心をした彼女は、退職の道を選んだ。選ばざるを得なかったとも言える。

女性の就業率は増えており、子世代が親を介護することは、男性の大半が、そして女性の多くが離職することに繋がる。

それなのに、現在の法制度のスタンスや裁判所の考えが、家族の介護は家事の延長線上に置かれ、ボランティア扱い同然で、本当にいいのだろうか。

介護退職は介護のための明らかな経済的損失と言えそうだが、それを相続財産から補塡するという発想は、今の裁判所にはないし、法律の定めもない。

介護保険は、介護する者への支援を想定していない

介護保険制度ができたことで、たしかに救われる要介護者は増えた。訪問介護、訪問看護、デイサービス、ショートステイなどの利用ができるようになった。

だが、現行の介護保険は〝介護される〟者のための制度であって、〝介護する〟側のためのものではない。つまり、介護を担う家族に対するサービスや支援は日本の介護保険には組み込まれていない。家族なのだから介護はやって当たり前という受け止めかたが日本では根強いと言える。

イギリスでは1995年に介護者支援法が制定されて、高齢者の世話をしている家族介護者等もそのニーズに応じたサービスを受けられるようになっている（加藤悦子著『介護殺人――司法福祉の視点から』クレス出版、164ページ、斎藤真緒「家族介護とジェンダー平等をめ

ぐる今日的課題――男性介護者が問いかけるもの」日本労働研究雑誌)。

家族介護者の負担は、まだ介護を経験していない人が想定するよりも重い。主な負担は次の3つであるが、それらが複合して、毎日続くのだ。要介護者はほとんどの場合だんだんと症状が重くなっていき、その死で終わるのだが、症状の好転をめざして少しでも長生きしてもらおうと尽力をするのが介護だ。頑張れば頑張るほど、家族介護者に負荷がかかる。そして、要介護者の死によってもたらされる解放が、手厚い介護をすればするほど遠のいてしまう。それも、育児と介護との大きな差異でもある。

1つめは肉体的負担である。老老介護の場合はもちろんだが、子が親を看ている場合でも、要介護者を1日に何度も抱え起こして持ち上げたり支えたりするのは、腕力と体力を使う。嚥下(えんげ)ができて消化にも問題がない食事を毎日作るのも一苦労だ。スプーンを使って少しずつ食べさせてあげるのも時間がかかる。夜もゆっくりは寝られない。被介護者が声を上げれば、すぐに起きてフォローしなくてはいけない。だから、添い寝となることが多い。とりわけ認知症の場合は、ずっと目が離せない。ろくに寝られない睡眠不足のまま、また介護の1日が始まるのだ。自分が病気になってもなかなか病院に行けない。

2つめは経済的負担である。介護サービスを受けたときには1~3割の自己負担をともなう。通院・入院時の健康保険もまた1～3割の自己負担がある。介護サービスの対象外のものは、全額負担となる。そして前述のように、介護退職をしたときは、介護者の収入が途絶えてしまう。

3つめは精神的負担である。要介護者と24時間向き合わなければならない介護者は、それまでの人間関係の多くが切れてしまい、孤独感にさいなまれる。1人で抱え込まなくてはならないシングル介護者はなおさらである。介護うつや介護虐待、さらには介護自殺や介護殺人にも繋がりかねない。

介護する者の精神面だけではなく、被介護者のメンタル面のフォローも必要だ。被介護者は動きたくても動けないストレスの塊（かたまり）を抱えている。いくら介護者が手を尽くしても、健常者のようなわけにはいかない。不自由さに耐えかねて、「情けない」「もう死んだほうがいい」と繰り返すことも少なくない。それを介護者は励まさなくてはいけない。介護者のほうが誰かに励ましてほしいのが本音なのだが。

その被介護者のストレスの捌（は）け口が、介護者に向けられることもある。「部屋の暖房が効いていない」「淹（い）れたお茶が苦い」「枕カバーをなかなか取り替えない」といった小さなことで文句を言われることもある。つい「一生懸命に看ているのに、そこまで言わないで」と反発して口喧嘩となって、そのあと落ち込んでしまう。

いずれの負担も、介護を担った者が、ときには人生を変えるほどの犠牲を背負うという構図になっている。同じ家族であっても介護から逃げた者は、このような負担をすることもなく、生活を変えることもない。

その一方で、介護から逃げた者に対するペナルティーも強制力も、日本では事実上存在していないのが現状なのだ。家族は相互に扶助しなくてはいけないという規定が民法にはあるが、介護に関しては具体的な義務までは課せられていないというのが実際のところだ。育児放棄にはそれなりの措置がなされるが、介護放棄のほうはそうではない。結局のところ、衰弱していく親を放置できないと、優しくて真面目な子が苦しみながらも重荷を背負っていくことになる。

日本ではク・ハラ法の制定はできないのだろうか

日本でもよく知られている韓国の女性アイドルグループ「KARA」のメンバーであったク・ハラさんは、2019年11月に28歳で亡くなった。自殺だと見られている。彼女は独身で、兄と父親のほかに、幼い頃に別れた母親がいた。

報道によると、20年以上も長らく疎遠にしていた母親がク・ハラさんの葬儀に突如として現われた。有名人であるク・ハラさんの死は、マスコミが大きく報じていたので、知ることができたと思われる。

そして出棺からわずか2日後に母親の弁護士が、ク・ハラさんの遺産の2分の1の相続権を主張（残り2分の1は父親に相続権がある）してきた。大活躍した彼女の遺産はかなりの額で、一説では日本円にして約9億円とも言われており、マンションなどの不動産もあったという。

未婚で子供もいない人が亡くなったときは、第1順位の法定相続人が親であることは、日本でも韓国でも同じである。

ク・ハラさんの母親が家を出ていって育児も親権も放棄したことで、幼い彼女と兄のク・ホイン氏は肩を寄せ合いながら苦労したということである。ク・ホイン氏は、葬儀に突然のように現われて、相続権を弁護士を通じて要求してきた母親に反発して、裁判となった。最終的に韓国の裁判所は、ク・ハラさんの母親の相続分を10分の4に減じたものの、相続権は認めた。

その一方で、ク・ホイン氏は、韓国の民法改正（通称ク・ハラ法）を求め、請願書を韓国国会に提出した。その主な点は、相続人としての欠格事由に、「子の養育を著しく怠った者、親の保護を著しく怠った者」を加えるというものだ。この改正が実現できれば、幼い時期に子供の養育を放棄したままの親、あるいは親の介護をまったくしようとしなかった子には、相続権が認められずに相続分がゼロになるケースも出てくることになる。

具体的な実情を鑑みることなく、血統主義と形式的平等で相続を決めていくシステムに対してク・ホイン氏は大きな問題提起をしたと言える。もちろんク・ハラ法が制定されたとしても、ク・ハラさんの遺産相続結果に遡っての変化を与えるものではない。ク・ホイン氏は、「自分が遺産を得るために請願書を提出するのではない」と前置きしたうえで、「私は妹の死が無駄にならないよう、私たちのようにこうしたことに苦しむ家族がこれ以上増えないことを願う気持ちで、ク・ハラ法制定のための立法請願を提出しました」というメッセージをインスタグラムに投稿した。

ク・ハラ法の制定運動から約5年、２０２４年8月に韓国国会はク・ハラ法を可決した。反対票を投じた議員はいなかった。

日本の国会ではこのような議論すら、ほとんど何もなされていないのではないだろうか。

第六章

もし自分が要介護者の立場となったなら

子供の世話にならない、は可能か

次に角度を少し変えて、この章では、自分自身が介護される側になったときの視点から書いていきたい。

老齢になるのは誰もが避けられない。脳梗塞や骨折など、突然に要介護状態になることもある。子供に迷惑は掛けたくない……いくらそう思っていても、現実はそうはいかない。入院や老人ホームに入居となれば、身元引受人（身元保証人）が必要になる。手術には家族の同意書を求められる場合も多い。

まったく子供の世話にはならないでおこうとするなら、〝任意後見〟という方法を採ることになる。要介護状態や認知症になったときに備えて、事前に自分の後見人を選んでおいて、要介護認定が必要になったときの申請をしてもらい、入院時や老人ホーム入居時の身元引受人になってもらい、さらには財産管理もしてもらうという任意の制度である。

法定成年後見（認知症などで判断能力が低下している成年のために財産管理などをする後見人を家庭裁判所が選任する）とは違って、あくまで本人の意向で、判断能力に問題のない時期に後見の契約を締結しておくわけである。社会福祉士や司法書士などに任意後見人になることを依頼したときは報酬が必要となり、契約内容や資産状況にもよるが、月額3万〜6万円程度が一般的とされている。任意後見人がきちんと業務を遂行し、財産管理に誤りがないかなどをチェックする後見監督人は家庭裁判所で選任してもらうことになるが、後見監督人に対しても裁判所が決めた月額1万〜3万円程度の報酬を支払うことになる。毎月支払っていくわけであるから、低い額ではない。

そして介護が必要となったとき、任意後見人は介護申請はするが具体的な介護行為まで担うわけではないから、食事介助や入浴介助はしない。したがって、任意後見に関わる費用のほかに、介護費用が必要になってくる。

また任意後見という形ではなく、入院時の保証人や老人ホーム入所の身元引受人、さらには葬儀の手配や納骨までを有償で担うという団体もある。有償であるから〝身元保証ビジネス〟と呼ばれることもある。しかし、これらの団体に関する法律はほとんどない状態で、監督官庁もはっきりしないと言われている。その中で大手であった日本ライフ協会は、預託金の流用問題などを起こし、負債を抱えて破産した（2016年3月23日、日本経済新聞など）。

子供がいる場合は、任意後見はほとんど使われない。手続が煩雑なうえに、毎月かなりの報酬支払いが必要だからと思われる。

子供の誰かがキーマンとなって、さらに入院時の身元引受人など任意後見人の役割を果たしたとしても、現行法では報酬を支払う義務はない。家族なのだから助け合うのは当然だというのが、法律の考えのようである。

しかし、実際のところは、そんな無償の重責はたまらないとキーマンから逃げる子供もいる。子供たち同士によるキーマンのなすり合いもあるだろうし、一人っ子でも「そんなことはしたくない」と突き放す子供もいる。そんな回避に対して、キーマンになることの強制はできない。

もし子供が複数いて、そのうちの誰かがキーマンを当然のように快く引き受けてくれたなら、感謝すべきことなのである。

親思いの子供に報いるのは遺言書

キーマンという重責を引き受けてくれた子供には、見返りを払ってもよいはずである。もしも任意後見人や後見監督人を雇ったとしたら、毎月かなりの報酬を渡すことになるのである。また同居して世話をしてくれている子供やその配偶者にも、感謝の意を形で表わすことも考えてよいだろう。

　子供たちが仲良く介護を平等に分担してくれたなら理想的だが、そうそうあることではない。何らかの負担の差がつくのが普通と言える。

　それらの差を埋める方法が、遺言書を残すことである。

　生前贈与という形で、財産を渡すことでバランスを取ろうという人もいる。遺言書では自分が死んだあとのことなので、渡されたかどうか見届けることができない。それに自ら渡すことで世話になっていることへの感謝を伝えたい――という気持ちも理解できる。だが、生前贈与にはデメリットもある。

　たとえば、長男だけに生前贈与をしたなら、次男や三男は「特別受益」だと主張してくることも考えられる。もし特別受益に認定されたなら、その金額相当分を遺産に返さなければならない（これを「特別受益持ち戻し」と呼ぶ。民法第９０３条）。ただし、長男の嫁のように相続人ではない人に対して生前贈与したときは、「特別受益」にはならないので、その問題は起きない。また「特別受益の持ち戻し免除の意思表示」を書面でしておくという方法もある。これがあれば、生前贈与は特別受益には該当しない扱いとなる。いずれにしろ、生前贈与には当然のことながら贈与税が掛かってくる。贈与税は贈られた者に納税義務がある。

また生前贈与をしたあとで、状況が変わってくることがありえることもデメリットになる。たとえば、長男の嫁に生前贈与をしたら、そのあと彼女の態度が変わってあまり熱心には世話をしてくれなくなった、ということも現実にはある。そしてそのあと、さらなる生前贈与の追加を暗に求められた、というケースもないではない。

生命保険金は相続財産には入らない（遺産とは別物で、遺産分割協議の対象にもならない）ということで、キーマンを生命保険の受取人とする人もいる。たしかに生命保険金は原則として「特別受益」に該当しない。しかも受取人は自由に書き換えることができるから、もし態度が変わったときは、同意なしに受取人を変更できる。

しかし、生命保険金は、特段の事情があるときは「特別受益」になる（平成16年10月29日最高裁決定）。たとえば、遺産総額に比して生命保険金の額が大きいような場合が、特段の事情に該当する。したがって、万能ではないと言える。

しかも生命保険金の場合は、なぜその受取人にしたのかという理由は、普通は付記できない。だが遺言書なら、相続分になぜ差を付けたのかという理由や説明を書いておくこともできる。

民法は、平等の相続（法定相続）を原則とするが、その民法自体が、遺言書があったときは平等でなくてもよいと例外を認めているのである。

しかも遺言書は、自由に変更も撤回もできる。何度でも可能だ。もし遺言書が複数出てきたときは、日付が新しいものが有効となる。日付が新しいほうが、変更後の遺言となるからだ（だから遺言書に日付を書くことは必須条件となる）。ただし、複数の遺言が出てくると相続トラブルの原因になるから、日付の古いほうは破棄しておくべきである。

もちろん遺言書の内容を子供たちに明らかにしておかなくてもよい。簡単に言えば、こっそりと書き残しておくことができて、最後のメッセージとして遺産相続以外の、心情や感謝のようなことも付記として書ける。

世話にはなったが相続人ではない、という者に対して財産を与える内容の遺言も書き残せる。愛犬や愛猫は人間ではないから遺産を与えることはできない。しかし、ペットの面倒を看てくれる人にそれ相応の財産を遺言で贈ることは可能である。福祉団体などへの寄付も遺言でできる。

すなわち、遺言書こそが、自分の財産についての最終決定と配分を書き残せる重要なツールであり、最後の遺志を表明する大切な機会なのである。

第二章のDさんの場合も、Dさんの父親がいくら感謝してもしきれないほど感謝していた長男のDさんに報いる遺言書を残しておけば、苦労して築き上げた料理旅館をDさんが手放すこともなかったのである。Dさんの父親は元気であり、まだまだ大丈夫と自分では思っていたのであろうが、突然のクモ膜下出血に襲われた。亡くなってしまってからでは、もはや遺志を表わすことはできないのだ。

自筆の遺言書はトラブルを生みやすい

遺言書は主なものとして、公正証書遺言と自筆証書遺言がある。

公正証書遺言は、公証人役場に遺言者が出向いて証人2人のもとで、遺言内容を公証人に伝えて、公証人がそれを筆記作成して読み聞かせて確認したうえで、公証人役場で保管するというものである。公証人が関与しているので、偽造や変造のおそれがないとされる。費用は相続財産の額に応じて違ってくるが、おおむね数万円から20万円程度である。公証人のほうから自宅や病院まで出向いてもらうこともできるが、この場合は出張費や日当が別にかかる。2人の証人は必ずしも遺言者が用意する必要はなく、日当1万円程度で公証人役場が用意してくれる。すなわち遺言者とは何ら面識のない人でも、公正証書遺言の証人になることは可能である。

自筆証書遺言は文字どおり遺言者自身が書くのであり、パソコンなどは使わず、その全文を万年筆や毛筆など書き換えできない筆記具で書く必要がある。要件を欠いた場合は、無効になってしまうので注意が必要である。たとえば、作成した日付が書かれていないとき（日にちが特定できない○月吉日といった書きかたも遺言無効となる）や、訂正のしかたが不適切な場合である。

自筆証書遺言の作成費用はほとんどかからないが、作成したあとは法務局に預けることができ（2020年7月から実施）、そのときは、保管費用が3900円必要となる（保管費用の支払いは1回限りでいい）。法務局に保管してもらうと、以後の改ざんや紛失のおそれがなく、死亡後には保管していることを遺族に通知してくれる。保管を申請するには、遺言者本人が法務局に出向く必要があり、公証人のように来てくれる制度はない。証人は用意しなくていいが、マイナンバーカードなど本人確認書類の提示が必要である。保管先の法務局は、遺言者が居住している都道府県（遺言者の本籍地の都道府県もしくは遺言者が所有する不動産のある都道府県でも可能）の本局または支局となっており、出張所ではできない。また保管申請は予約制となっており、その時間も限られているので、事前に法務省のホームページから申請書類などをダウンロードしておくのがよい（各法務局の本局や支局の窓口でも、案内パンフレットとともに申請書類を無料でもらうことができる）。ただ、遺言書に関する法律的な相談のようなことは法務局ではできない。保管申請手続が完了すれば、遺言者に対して保管証が交付される。

この法務局での保管は、自筆証書遺言の必須要件ではないので、たとえ預けなくてもそれだけで自筆証書遺言が無効になることはない。

自筆証書遺言は変更・撤回が簡単にできる。公正証書遺言の場合も変更・撤回は可能だが、再度の費用がかかり、証人も再び必要になる。けれども、遺言者本人が書いたとする証明力は、公正証書遺言のほうがずっと強い。公証人という第三者が関与しているからである。

裁判となれば、証明できるかどうかがポイントになる。第三者による証明の有無は、裁判に大きな影響を与える。

筆跡鑑定は民事裁判では重視されない傾向がある

自筆証書遺言の場合には、遺言者本人が書いたかどうかの自筆性が裁判で争われることが多い。その場合は、筆跡鑑定となる。

筆者の場合は、母親については自筆の遺言書があったが、Aからは遺言書の偽造が主張された。つまり「母親本人が書いていない」という主張である。

パソコンの印字では筆跡鑑定ができないから、自筆証書遺言全文を（財産目録などはパソコンでもよいとされている）自筆で書くことが求められている——それが民法の趣旨である。

筆者は推理小説作家の端くれであるから、変死体が出たときには自筆の書き置き（遺書）があるかどうかが事件性の有無を判別する大きなポイントとなり、警察の科学捜査研究所による専門的な鑑定がなされることを取材で知っていた。自殺か他殺かは殺人事件になるかならないかという重要な分岐点なので、目視だけでなく、一字ずつコンピューターで解析して類似点や相違点を検証するなど、精緻な鑑定がなされる。

そこで筆者は、科学捜査研究所で筆跡鑑定の主任を務めて、退職後に公正中立を掲げている民間鑑定機関で筆跡鑑定に携わっている人物に鑑定を依頼した。ウェブを通じて会うこともできて、信頼を高めることもできた。

しかし、筆跡鑑定人になるには資格試験があるわけではなく、誰でもなろうと思えばなれる。高い料金をもらったら、依頼人に有利な鑑定書を作成する者も中にはいる。

そういう事情もあってか、民事事件の裁判官は筆跡鑑定をあまり重視しない傾向が強い。これは驚きであった。

自筆証書遺言の筆跡については、たとえ法務局に保管してもらっていても、争おうと思えばできる。法務局への提出時には本人確認がなされるが、それだけでは書いたのが本人とまでは言えないという主張が可能なのである。つまり誰かに代筆してもらって提出をしただけであり、遺言書は無効だという構成である。法務省民事局作成の「遺言書保管申請ガイドブック」にも「本制度は遺言書の有効性を保証するものではありません」（5ページ）と明記されている。

公正証書遺言については公証人が作成するから自筆性の問題は起きない。しかし公正証書遺言であっても、最近では無効が争われることも増えていて、無効という判決がなされた裁判もいくつかある（東京高裁平成25年3月6日判決など）。たとえば、遺言者は認知症にかかっていて財産処分能力に欠けるから、その状態での公正証書遺言は無効であるという主張が認められたケースがある。公証人は医師ではないから、本人が認知症になっているかどうかまでは判断できない。

また証人2人の中に、推定相続人やその親族が入っていたときは、証人欠格となって無効となる。

つまり、公正証書遺言も絶対的なものではないのだ。この点は留意しなくてはいけない。

老親を子供のうちの１人が看ていて、公証人役場に連れていった場合は、「自分に有利な遺言書を残さないのなら、今後いっさいの面倒を看ないで放り出す」といった強要があったとする主張もなされるかもしれない。強迫に基づく遺言書だという主張である（民法第８９１条４項）。遺言に限らず詐欺強迫による法律行為は取り消すことができる（民法第96条）。

たとえば特別養護老人ホームに入所待ちだが先が見えず、生殺与奪の介護状態であった場合は、弱みにつけ込んだ公正証書遺言作成を親に強要できたという他の兄弟姉妹からの主張が認められる可能性もゼロではない。現実の裁判例はまだないようだが、これからはそういう事例も出てくるように思えてならない。争おうと思えばいくらでも争うことはできるのだ。

弁護士は公証人ではないから公正証書遺言の作成はできないが、弁護士に関与してもらう自筆遺言証書もある。弁護士が事務所で預かってくれるし、弁護士によっては遺言時の様子をビデオに撮る場合もある（公証人はそこまではしてくれない）。遺言者の生前の意向や様子が映像に残っていて、弁護士が証人となるなら、有効性はまず覆せない。ただし、相応の料金はもちろん必要だ。

有効な遺言があっても遺留分はどうしようもない

たとえ有効な遺言書を残していたとしても、相続人には遺留分（いりゅうぶん）というものがある（民法第1042条）。子供や配偶者については、〝法定相続分の2分の1〟が遺留分とされる。もし（配偶者が先に亡くなっていて）子供が2人いたなら、遺言書がないときは法定相続分は2分の1ずつであるから、その2分の1すなわち4分の1が遺留分となり、その取得が民法で保障されている。

たとえば2人兄弟の子供がいたときに、「全財産を長男だけに与える」という遺言書はそれ自体は無効ではないが、次男の遺産はゼロではなく、4分の1の遺留分が認められる。もし次男がとんでもない親不孝者であったとしても、どれほど疎遠にしていても、親子喧嘩の末に家を飛び出していても、この遺留分の4分の1は、息子であるということだけで、もらえるのだ。

この遺留分については、日本の民法は侵害できない聖域という扱いをしている。したがって、次男が請求すればそれだけで遺留分は確実に認められる（ただし、相続開始を知ったときから1年経過後、または相続開始を知らなくても10年が経過すれば、時効にはなる）。

そして次男は遺留分を請求できるだけでなく、遺言書自体に対して、自筆証書遺言であれ、公正証書遺言であれ、無効だという主張もできる。つまり次男にとっては、たとえ遺言書無効の主張が認められなくても4分の1の取得は確実にできて、もし認められたなら2分の1の法定相続分が得られるということになる。受けて立つ長男のほうは、遺言書が有効なら4分の3であるが、無効となったときは2分の1、そしてさらに遺言が長男による偽造・変造によるものであるから無効とされたときは、相続人欠格事由（民法第891条5号）になってしまい、長男は相続分がゼロとなる。このときは、遺言書の内容とは真逆の、次男が全財産を相続するということになる（ただし長男に子供がいた場合は、代襲相続として、長男の相続分を受け継ぐことはできる）。

次男にとっては、最低でも4分の1、うまくいけば2分の1、あわよくば全額という戦いであり、長男にとっては、遺言書にある全額相続はありえず、うまくいっても4分の3であり、ダメなときは2分の1、最悪はゼロという戦いである。精神的には、長男のほうが不利で辛い。次男としてはとにかく無効を主張してやれ、ということにもなりかねない。

親としては、無効が主張できないようにきちんとした遺言書を残しておかないと、親不孝者の次男を遺言書によって諫（いさ）めることはできない結果となってしまう。

なお、この遺留分については、他の相続人がどれだけ「特別な寄与」をしたとしても、聖域として減じられることはないというのが裁判所の考えのようである（東京高裁平成3年12月24日決定など）。

すなわち、子の誰か1人がとことん親に尽くして犠牲になって重い介護を果たしても、他の子の遺留分という権利に食い込んでまでの「特別な寄与」は認められないということになる。

このように遺留分というのは、遺言書があっても、「特別な寄与」があっても、侵されることがない絶対的に強固な権利であると言える。

しかしながら、海外に目を向けてみると、ク・ハラ法を成立させた韓国の憲法裁判所は、注目すべき判決を2024年4月に下した。「個人の遺志にかかわらず、一定以上の相続額を保障している遺留分の制度は違憲である」「被相続人を長期間面倒を見なかったり虐待するなど、倫理に背く相続人に遺留分を認めることは不合理である」という趣旨の判決であり、要するに遺留分は聖域ではないと判断したのである。

廃除という規定もあるにはあるが

遺留分を有する相続人に、遺留分を与えない制度として、「廃除」という規定があるにはある（民法第８９２条）。

被相続人に対する暴力などの虐待、重大な侮辱、著しい非行といったことがあった場合は、被相続人自身が生前に家庭裁判所に廃除の申し立てをすることができ、また遺言の中で廃除の意思表示を書いておくこともできる。しかし、それが認められるかどうかは、別問題である。信頼関係を完全に破壊するほどのよほどの重大な行為でなければならず、会うたびに口論になっていたという程度では要件は到底満たさないのはもちろんのこと、多少の暴力程度ではなかなか廃除の認定はなされない。もちろん暴力があったという立証も必要である。したがって現実的には認められることは、きわめて稀と言ってよい。

「美田を残さない」というのも１つの方法

子供たちに遺産を残すとトラブルの原因になるから、あえて何も残さないという選択をした人もいる。

73歳まで開業歯科医として頑張ってきたJさんは、廃業とともに広い自宅兼クリニックを売却した。子供は3人いたが、実家の取り合いになることを懸念したからである。その売却資金で、同い年の妻とともに有料老人ホームに入居することにした。特別養護老人ホームは要介護3の認定を受けていないと原則として入居できないが、有料老人ホームは要介護2以下や要支援でも入れる。さらに介護がまだ必要ではない段階（自立状態）でも入れるところがある。Jさんはそういう老人ホームを探して入居した。

自立している高齢者の場合は、サービス付き高齢者向け住宅（サ高住）という選択肢もある。見学もしたが、安否確認や生活相談といったサービスが付いてはいるものの、入居中に介護度が重くなったときや認知機能が低下したなら、住み続けることが難しくなることもあるということを聞いたので、採らなかった。

有料老人ホームでは、奥さんとは同じ部屋ではなく、あえて別々の部屋にした。そのほうがお互いのプライバシーが守れると考えたからである。任意後見制度を使い、子供たちには老人ホーム入居のときも病院入院のときも保証人などの世話を掛けないようにした。預貯金もかなりあったので、自分と妻が１００歳まで生きたと仮定して、自宅売却金と預貯金をそれまでの年数で割って、入居生活費や多彩な趣味の費用として有効に使うことにした。

妻が先に亡くなったので、もし自分も亡くなったなら、社会福祉団体に寄付をする契約をした。社会福祉団体に全額寄付をするという遺志であっても、子供たちには遺留分はあるのだが、Jさんが亡くなったときに子供たちは「遺産を残さない」というJさんの意向を理解して、遺留分請求はしなかった。

このように、遺産を残さなかったことで親である自分が恨まれるかもしれないが、子供たちが遺産争いでいがみ合ってそののちも仲が悪くなる（兄弟姉妹同士で恨む）未来は避けられることを重視して、あえて遺産を残さないという選択をした人もいる。


動産は分けやすいが、不動産は揉めやすく、争いの原因になりやすい。Jさんのように売却をする方法のほか、リバースモーゲージやリースバックという方法もある。リバースモーゲージは、自宅など不動産を担保にして老後の生活資金を借り入れて、死亡時に担保となった不動産を売却することで、その借入金を返済する仕組みだ。似たものとしてリースバックがある。リバースモーゲージはあくまで所有権を持ったまま不動産を担保にして資金を借りるのだが、リースバックは自宅などの不動産を売却して資金を得るが家賃相当分を支払ってそのまま住み続けることができる（買い戻しが可能という契約もある）という違いがある。

どちらも、契約したあとも亡くなるまで慣れた自宅に住み続けながら、老後資金にゆとりを持たせられるというメリットがある。リースバックは契約時に売却し、リバースモーゲージは死後に売却するということになるから、不動産が残ってしまって、その取得や分割をめぐって相続争いになることは避けられる。

Jさんは「私が歯科医として頑張って築いてきた財産は、全部私のものだ。残ったなら、寄付という形で困っている人たちに役立てたい。おまえたちには、子供の頃から十二分に学力を付けさせてあげ、習い事も好きなだけさせてやり、社会人になるまでの生活費なども負担してあげた。結婚に際してはまとまったお金も与えた。だからもうそれ以上は望まないでくれ」と言い残し、子供たちもそれで納得していた。

骨肉の争いはさせたくないはずである

なかなかJさんのようにはいかないが、自分の死後に子供たちが骨肉の争いをすることを防ぐ手立てはある。

自分の子供たちが、自分の遺産をめぐって激しく争って、あげくのはては絶縁になることを望む親はいないであろう。だが前述のように、遺産が少なくても相続争いは起きてしまうのだ。親の自宅以外に他にほとんど資産がないというケースを想像してほしい。1軒しかない家を子供たちで取り合うことになってしまいかねない。

また先述の葬儀費用や墓地代金のほか、遺品整理費用で揉めることもある。長年住んでいるとさまざまな物が増える。財産的価値のある書画や陶器もあるかもしれないが、たいていの場合は処理費用のほうが上回る。

最も有効な方法は、やはり遺言書を残しておくことだ。遺品整理費用などについても遺言書の中で定めておくこともできる。

やっかいなのは、生前における自分の遺志は、亡くなってしまってからでは後追いの証明はもはやできないことだ。死人に口なし、なのである。

だから、遺志が間違いないことを自分自身で生前にきちんと立証しておかなくてはいけない。そうでないと、自分の遺志とは違った結論になってしまいかねない。遺言書に弁護士による映像撮影を加えておくのが最強であろうが、公正証書遺言も覆される確率は低い。公正証書遺言の証人として直接の利害関係や親族関係にない年下の知人が2人用意できれば、自分が死んだあと、彼ら彼女らが証言してくれる。要するに、第三者が関与していることが重要になる。

自室で自筆証書遺言を書いて戸棚や仏壇にしまっておくようなことは避けなくてはいけない。法律上は、日付などの形式不備がなければ、それで遺言書として有効ではある。民法は、容易に遺言が残せるように、自筆証書遺言の制度を認めている。しかし裁判所は、自筆証書遺言によって平等でない相続を認めることに慎重であると言える。

いくら筆跡鑑定を出しても、それが採用されるとは限らない。被相続人が日ごろから使っていた帳簿類を筆跡対照資料にして詳細な筆跡鑑定書を裁判所に提出したが「筆跡対照資料とすることに、相手方の同意がない」という理由で筆跡鑑定書を却下した裁判例もある（京都地裁令和４年２月24日）。パソコンやスマホなどデジタル化が普及して、手書きをする機会が少なくなった現代において、筆跡対照資料に相手方の同意まで求められたなら、事実上、筆跡鑑定はやりようがないことになってしまいかねない。

自筆証書遺言があったとしても、裁判上はかなり弱いのである。

第七章

介護からの逃げ得を防ぐために

まずは心定めを

これまで見てきたように、日本の法律や司法は、親の介護を引き受けた人間に対して冷たいと言える。

介護から逃げた者に対しては、責任を問うようなシステムにはなっていないし、相続面では形式的な平等（実質的には不平等）という結果に終わることのほうが多い。

すなわち「介護は少なめに、相続は多めに」という身勝手な題目が実現しやすい状況にある。しかし、親思いの優しい子のほうがワリを食って、厚顔な自己中心の子のほうがトクをするという結果で、本当にいいのだろうか。

介護保険制度が財政的に限界に近づき、介護スタッフが人手不足になり、介護事業者の倒産が増加している社会情勢のもとで、今後は施設が見つからずやむなく自宅介護をするケースも増大し、この実質的な不平等の事例はますます増えていきそうだ。

人々の権利意識が高まること自体は悪いことではない。けれども、それがエゴに基づくものであってはいけないのではないだろうか。

本章では、自分がキーマンとなって親の介護を担うことになった場合に、他の兄弟姉妹が介護から逃げ得をすることを許さないための、なるべく具体的な方策を書いていきたい。

まずその前段として、〝心定め〟のような人生論的なことを書くことを許してほしい。

老親が倒れて介護が必要になったとき――誰にでも起こりうる事態だが、冷静に対応したうえで、そしてできるだけキーマンとなって介護を背負ってほしいと思う。

筆舌に尽くしがたいほど大変なことも少なくないが、介護をした者はあとで「人としてやるべきことをやった」という誇りを必ず得られる。

もちろん、老親に対しては、感謝の気持ちばかりを持っているわけではないだろう。ろくに世話になっていないとか、親らしいことを全然してもらっていないとか、ときには恨みつらみといった感情もあるかもしれない。

しかし目の前に、年老いて力のない親が苦しみながら横たわっているのだ。手を差し伸べなければ、弱り切って衰えていくのは明らかだ。放置していたなら、死期が早まることにもなるだろう。もっと苦しんで死ぬことになるかもしれない。

人として、見殺しにしてはいけない。男性とか女性とかは関係なく、人間としてやるべきこと、いや、やらなければならないことがあるはずだ。

もちろん、介護保険制度を使えるときは使う。介護保険の申請手続は面倒なことも多いが、各都道府県の社会福祉協議会などの諸団体が電話相談も受けてくれるし、介護経験者がアドバイスしてくれるサイトもある。そういうサポートも受けながら、介護を担っていく……。

そう考えたなら、覚悟を決めてほしい。

他に兄弟姉妹がいたなら、連絡をして、親の状態を実際に見てもらう。そこで、他の兄弟姉妹の姿勢がわかるだろう。

もし「仕事が休めないから」とか「子供が入学試験を控えているから」といった理由を出してきたなら、あまり期待はしないほうがいい。

結局は「介護は少なめに、相続は多めに」と本音では考えているのだと推測したほうがいい。悲しい現実だが。

したがって、親が亡くなったあとの相続問題を考えて、介護をしながら、その対策と備えをしておくことが必要になってくる。

もしその対策と備えが不要になったなら、それでいい。「介護は少なめだったから、相続も少なめでいい」と考えている兄弟姉妹だったなら、あまり相続トラブルは起きないだろう。

そして、親が亡くなったあと、兄弟姉妹関係も断絶してしまって、親と兄弟姉妹を時間差でともに失ってしまうという せつない結果には、おそらくならないだろう。

地震や津波などの災害対策や備えにも似て、不要になったときは災いが起きなかったのだから、それはとてもさいわいなことなのだ。

けれども、そういう兄弟姉妹ばかりではない。むしろ、第二章の実例で見てきたように、そうでない兄弟姉妹のほうが、実数は多いのではないだろうか。だから、対策や備えはしておかなくてはならない。

人間は変わってしまう存在でもある

もちろん、自分のほうが得られる遺産が実質的に少なくてもかまわない、と考えている人もいるだろう。親のために自分の財産を使うことは何ら抵抗がない、というポリシーの人もいるはずだ。

けれども、他の兄弟姉妹から、親が亡くなった途端に手のひらを返され、「三下り半」を送りつけられたあと、法的手段に訴えられて、「親の介護はたいしたことではなかった」「親の財産に手をつけていた」「自分も介護しようとしたが、来なくていいと拒否された」「早期退職と介護は何の関係もない」などと主張されたなら、話は違ってくるのではないか。

他の兄弟姉妹のサポートもないままに、孤軍奮闘で介護を最後まで貫いたという矜持が打ち壊されたような気持ちになってしまわないだろうか。手助けに来ないというだけでも身勝手だが、遺産を少しでも得たいがために、事実と違うことを主張し、ときには人格攻撃までしてくるのだ。「親の財産に手をつけていた」というのは横領罪に該当する立派な犯罪行為だ。親のために自分のお金を出したのに、逆に親のお金を使い込んだと非難されてしまう。だが、「三下り半」によって、もはや直接会って話をすることもできないのだ。

それだけではない。病床の親は、他の兄弟姉妹が姿を見せないことを嘆き、悲しんでいたはずである。親思いの子ほど、その親の気持ちを代弁して、他の兄弟姉妹にわからせてやりたいと考えるのではないか。だが、それらの主張や反論は、調停や裁判の場でしか伝えられない。

法的手続に移行したあとは、「自分は横領などしていない。むしろ自分のお金を介護のために持ち出した」ということを証拠で立証していかなくてはいけない。その証拠を、あとから揃えるのは容易なことではないのだ。

だから、たとえ面倒であっても、介護をしながら証拠を残すなどの対策と備えをしておくことが、「転ばぬ先の杖」となってくれる。

性悪説のように、他の兄弟姉妹を悪く扱うことには抵抗を覚えるかたもいるだろう。兄弟姉妹の仲が良かった場合はなおさらである。しかし、人間は時間が経つと、考えかたや性格が変わってしまうこともよくある。幼なじみや学生時代のときの友人に「頼むから」と拝まれて、お金を貸した経験のある人もいるだろう。しかし、お金は返ってはこなくて、結局は音信不通になってしまったケースが多かったのではないだろうか。幼いときや学生時代は「いいやつ」だったとしても、ずっと終生そうだとは限らない。

お金が絡むと人間が変わってしまうということは、友人でも兄弟姉妹でもありえることなのだ。

とにかく「転ばぬ先の杖」を

では、以上の前提に立って、自分がキーマンとなり、主たる介護者となった場合（とりわけ親を自分の家に引き取って介護するときには）、どのような対策をしていったら有効なのだろうか、を具体的に列挙していきたい。

①他の兄弟姉妹とのやりとりは記録の残るメールで

「あのときに言った」「いや、聞いていない」はトラブルのもとでもあり、水掛け論に終わってしまって、あとから真偽を立証できるものではない。

だから、介護中のお互いの言葉が残るようにしておかなくてはいけない。それには、パソコンのメールのやりとりが最適である。スマホでは、文章の長さや記録容量に限度があるからだ。スマホしかないときは、スクリーンショットに取っておいて、それをパソコンに記録しておくのがよいだろう。

電話のときは、スマホに録音機能が付いているし、固定電話も繋げば録音が可能だ。会って話し合うときにも、ボイスレコーダーを持っていくのがよい。

「いや、そこまでしなくても」とお思いかもしれないが、あなたが隣人と騒音などのトラブルがあって、話し合いをしなくてはいけない場面を想像してほしい。騒音の状態を録音または録画して証拠にするとともに、話し合いの様子もやはり録音しておこうと考えるのではないだろうか。

兄弟姉妹という存在も、人生の隣人である。トラブルが起きてしまうこともあるのだ。とにかく、文章にしろ音声にしろ、やりとりを残しておくことをお勧めしたい。調停や裁判になってから「そんなことは何も聞いていない」「まったく違うことを言われた」と正反対の主張を兄弟姉妹からされたときに、「本当のことなのに、もはや証明のしようがない」とあとから悔やんでも遅いのだ。

もっともボイスレコーダーの音声があっても、相手方の弁護士から「同意なく勝手に採取したのは不当だ」「自分に都合のいい部分しか提出していない」「いつの時点の会話なのか、立証できていない」といったツッコミがなされることもある。パソコンのメールは、やりとりが双方に残るものであり、切り貼りなどもお互いにできないし、日時の記録もはっきりしているので、ベストである。

②介護の記録を残しておく

日々の介護の実情について、簡単な記述でいいので書き残しておく。「あとから書いた」と言われないように、鉛筆でなくボールペンを使って、余白のあるページはないのが望ましい。長いものでなくていい。

ケアマネージャーが関わっている場合は、ケアマネージャーが毎月の訪問をして、それを記録に残している。ただ現状では、記録内容についての具体的な定めはなく、保存期間もそれほど長くはなく、弁護士を通して請求しないと開示してくれないこともある。

③介護のために必要な費用については、明確にしておく

介護にはさまざまな費用が掛かるが、その品目や金額を記録しておくことも大事だ。明細が詳しくわかる被介護者である親のクレジットカードがあるのなら、それを使うのが一番いいだろう。通院の診察料にいくらかかった、薬剤代がどのくらいだった、通院のためのタクシー代は何円だった、といった使途と金額が記録として残るのがよい。ただし、介護に必要でないものを親のクレジットカードから出してはいけない。あとから「使い込んだ」と指摘されかねない。介護上不可欠なものに限り、家庭用のゴミ袋とか入浴剤といったどちらのためか判然としないものは避けるのが無難だ。

親がクレジットカードを持っていないなら、〝介護家計簿〟とも言うべき現金出納帳のようなものに記載して、領収証を逐一残しておくことだ。領収証は、親の税金の医療費控除のときにも必要となる。確定申告のときに、郵送代相当分の切手を貼った封筒を用意して提出すれば、税務署は領収証を返還してくれる。そうしておかないと、証拠になってくれる領収証が戻ってこない。

そこまでするのは面倒だと思うかもしれないが、何に使ったかを明白にしておかないと、あとから他の兄弟姉妹から「親の金について、使途不明金がある」と主張されかねない。親の介護から逃げた者が何をエラそうに、といきどおるかもしれないが、そう言われることは想定しておかなくてはいけない。もしも裁判所が使途不明金だと認定したなら、返還しなくてはいけないことになる。

自分のお金から介護のために必要なものを立て替えて払っておく、ということはやめたほうがいい。病院や薬局の領収証は、患者本人の宛名でなされる。したがって相手方の弁護士からは「これは宛名となっている親本人が支払ったものだ」と主張されることもありえる。自分のクレジットカードから払っておけばその主張は防げるかもしれないが、今度は「それは立て替えではなく、親に対して贈与したものだから、相続財産からの返還は認められない」と主張される可能性がある。予想もしない方向から攻撃の矢が飛んでくるのが、裁判の現実なのである。

介護をしていくうえで必要なこまごまとしたもの、たとえば介護用の手袋、おしりふき、ピルケースといったものも、すべてレシートは残しておくべきである。

自分が会社の会計責任者となったつもりで、記録や領収証はとにかく残しておく。介護を担ったうえで、そこまで手間のかかることをしなくてはいけないのかという思いはあるだろうが、あとから痛くもない腹を探られるのはたまらない。介護中に領収証の整理をすることは時間的になかなかできないだろうから、大きな箱に年度ごとに入れておくだけでもいい。とにかく捨てないことだ。

親の銀行における預金の出し入れやクレジットカード支払いなどについては、親の死後に、相続人である子であれば預金記録や明細記録を求めることができる。つまり、介護に何も携わっていない子であっても、たとえまったく音信不通の状態だった子であっても、預金記録や明細記録を請求することができる。

もしも親の銀行預金に引き出し記録があったなら、介護をしていた子はそれが親のために必要であったことが明らかにできないといけない。だから領収証が必要になってくるのだ。相手方の弁護士は、細かな預金の引き出しであっても、そのすべてについて「これは何のための支出なのか」と訊(き)いてくることも予想できる。そのときに領収証を残していたならば、「これは実家の固定資産税です」「口腔ケアのために必要なスポンジ歯ブラシです」といった裏付けのある回答ができる。

④ 介護をした者の預金口座を、他の兄弟姉妹から調べられることもありうる

こうした対策と準備をしておかないと、予想外のことも起きる。

③で述べたように、被相続人である親の預金口座記録は、相続人である子であれば、調べることができるが、相続人の各自の預金口座についてはオープンにはされない。財産状況は個人情報となる。ところが、裁判所に開示請求をして認められれば、他の子は介護した子の預金記録を知ることができる。

すなわち、相手方の弁護士から「親の財産を私的に流用して横領した可能性がきわめて高い」として、介護をした者の預金口座の記録を調べたいとして家庭裁判所に開示請求が出されることがあるのだ。家庭裁判所がその開示請求を認めなかったならば、却下となるが、裁判官によっては認めるかもしれない。もし認められたなら、介護をした者の預金状況は丸裸となる。後ろめたいことはしていないのでかまわないと言えばかまわないのだが、不快なことである。逆に、介護をした者から介護をしなかった者へ、その預金状況を知りたいと開示請求しても、絶対に通らない。介護をしなかった者は、親の介護費用などを何ら負担しておらずノータッチだったので、調べる理由がないからだ。

介護を頑張った者が、横領を疑われて、自分の預金記録をオープンにされる。介護から逃げた側はそのようなことはされない――これも不公平なことであるが、そういう可能性もゼロではない。

そんな目に遭わないためにも、介護費用の出納記録や領収証などはとにかく残しておかなくてはいけないのだ。

⑤他の兄弟姉妹の「相続財産はいらない」は信用しない

第三章で述べたように、親の生前に相続放棄をすることはできない。口頭でだけでなく、念書を差し出されていても、その念書には法的効力はない。それを知っていて、念書を書くことで介護からのがれて、あとから相続分を主張する狡猾な者もいないわけではない。

ただし、「親の生前に相続放棄をする」ことはできないのだが、家庭裁判所の許可を得て「親の生前に遺留分放棄をする」ことは可能である（民法第１０４９条）。裁判所の許可のある遺留分放棄と遺言書があれば、相続放棄に近い結果となる。

したがって、もし「相続財産はいらない」と他の兄弟姉妹が言ってきたときは、「家庭裁判所に遺留分放棄の許可申請を申し立ててほしい」と返答すればよい。もしその兄弟姉妹が本気だったら、申し立てをするだろう。応じなければ、おそらく本気ではないということになる。

⑥自宅介護の場合は、訪問介護はない

すでに少し触れたが、介護者である子が親を引き取ったり、親の家に移り住んで同居したとき（元々同居をしていた場合を含む）は、親が要介護認定を受けても、訪問介護は原則として使うことはできない。訪問看護のほうは利用できる。

言葉は似ているが、訪問介護はヘルパーが来て被介護者のために炊事や洗濯などをやってくれて、訪問看護は医師や看護師が来て医療行為をしてくれる、という違いがある。

たとえ要介護度が重くても、同居家族がいるならば訪問介護は受けられない（同居家族が身体障がい者のような場合は例外となる）。これは、「介護は家事の延長線上にあり、同居している家族がいるならば、家族が対応すべきである」という介護保険法のスタンスに基づいている。

同居家族がいない独り暮らしの被介護者なら、ヘルパーの訪問介護を受けることができる

が、要支援度や要介護度に応じて1ヵ月に何回までといった時間的な上限があるので、充分ではないという声もある。また訪問看護のほうは、毎回決まった看護師や医師が来るわけではないので、一から説明するのに苦労することもあるようだ。

筆者の場合は、母を同居介護していたので、訪問介護は受けられなかった。しかも前述のように随時の痰の吸引など日常的医療行為が必要であり、デイサービスやショートステイの施設を使うこともできなかった。訪問看護のほうは利用可能ではあったが、母の状態は、必要なときにすぐに吸引などの日常的医療行為をしなければならず、特定の曜日や時間帯に看てもらえばいいという性質のものではなかった。そのうえ、通院すれば主治医が継続的に診察してくれて、担当看護師も固定されていた。訪問看護は屋上屋(おくじょうおく)のようなものになりそうなので、申請しないことにした。

筆者の母は、癌が見つかる前に骨折して手術を受けていて、そのときに介護保険で使える自宅の手すりや段差解消の改修援助を受けていたので、もうその援助は受けられなかった。

結局、介護保険料は亡くなるまで毎月支払い続けていたが、給付を受けた介護サービスは少なかった。

制約の多い介護保険による支援の代わりに助けになってくれたのは、民間の家事代行サービスであった。いつ痰が絡まるかわからないので、家を空けて買いものに行くことは簡単にはできない。家事代行サービスだと、近隣ではないデパ地下での買いものや役所への書類提出など（介護保険のヘルパーではそういったことはまずできない）も可能であった。家事代行サービスで来てくれるスタッフも得手不得手の分野があるが、4人目に来てくれたスタッフは有能で、こちらの要望を完璧にこなしてくれたので、以後はそのスタッフに継続的にお願いすることにした。介護保険サービスだと、なかなかそうはいかない。来てくれたヘルパーと相性が合わなくても、変更してもらうのは容易ではない。評判のいいヘルパーは取り合いになって、なかなか来てもらえないという話も聞く。

民間の家事代行サービスは、ある程度の経済的負担はかかったが、必要なときに機動的に頼めて、利用回数の上限もなく、ありがたかった。

⑦病院における記録やカルテは、あとからでも手に入る

要介護者の入院中や通院時の記録や病院における様子は、病院に求めれば出してくれるので、詳細に書き残す必要はない。最近では多くの医療機関で電子カルテ化が進み、医療過誤などに備えて、検査結果から術後の経過や投薬内容さらには医師・看護師による観察や患者

とのやりとりを含めて記録関係は充実している。遺族（戸籍の提示が求められることもある）であれば、コピー代程度の料金で記録の写しの交付を受けることができる。

したがって入院・通院の日時や病院での様子は、死後からでも整えることができる。介護者としては、要介護者の自宅での様子と金銭出納関係をメインに書き残していけばよいことになる。

⑧要介護者の預貯金については慎重にする

介護に必要な費用については立て替えないで、要介護者のお金から出していくのがよいと③で書いたが、要介護者の預金を引き出すときは慎重にしなくてはいけない。あとから「要介護者の同意なく引き出した」と他の兄弟姉妹から指摘される可能性があるからだ。

預金の引き出しは、可能な限りなるべく被介護者本人に窓口で払い出し請求書を書いてもらって実行しないと、あとあと面倒なことになりかねない。金融機関によっては委任状で家族が代行できる場合もある。そのときの委任状はコピーを取っておくか、写真に撮っておくといった予防策も必要になる。

裁判における判決は、裁判官が心証を形成したうえで結論を出していく。その心証形成に影響を与えようとして、相手方の弁護士は、勝手に親の預貯金の引き出しをして横領を企ててていた悪人であると印象付けようとすることも想定できる。それを防ぐには、やはり証拠しかない。

⑨親のお金を使わないで自己負担することも覚悟する

親のクレジットカードや預金を使うことに抵抗があるかたもいるはずだ。親の財産が実際どのくらいあるのか正確には知らないという場合も少なくないだろう。筆者の場合、母親はステージ4の癌を患っていたが、できることなら回復してほしいと願った。そこで放射線治療を受けたあと、先端治療をしている病院を探して、健康保険の適用外の免疫療法などを受けてもらって、その費用を筆者が負担した。

それらのかなり高額に及んだ治療費の立て替えを筆者の弁護士は主張したが、まったく認められなかった。裁判官によっては違う判定がなされたかもしれないが、筆者の費用負担は親への贈与、もしくは家族としての相互扶助の範囲内と捉えられたのかもしれない。

介護をしなかった子が経済的な負担を何らせず、介護をした子の立て替えや費用負担の補塡がいっさい認められなかったなら、遺産を法定相続で分けても、実質的には不平等となるのだが、そういう現実は否定できない。

治療費に限らず、介護者のために費用負担をする場合は、たとえ立て替えのつもりであっても返ってはこないと覚悟したほうがいいと言える。

⑩ 介護のための退職・休職は届け出のコピーを

介護退職をするときは、退職願には「一身上の都合により」と書かずに「親の介護のため」と理由を明記したほうがいい。そのコピーは取って、残しておく。

退職しなくてはならないほど介護が大変であったということを間接的に証する書類にはなる。介護休業や介護休暇を取得したときも同様にコピーは残しておいて、裁判になったなら提出したほうがいい。

しかし、いくら「介護のため」と書いていても、裁判官が理解を示して、早期退職をしたことによる給与や賞与についての逸失収入を遺産から補塡する、といった配慮をしてくれる可能性は低い。

介護保険法によるサービスがあるのだから、何も仕事まで辞める必要はなく、両立もできたのではないか――裁判官に限らず、厳しい介護に直面した経験のない人はそう考えることが少なくない印象がある。そう捉える人には、退職は介護者が回避できたものであり、自由意思に基づくものだと映るのかもしれない。

だが前述のように、介護保険は万能ではなく、網羅的ではない。もしデイサービスの利用ができたとしても、その利用時間帯は長くても平日の朝9時から夕方5時までが通常である。それ以外の時間帯や土日祝日は介護者が看なくてはいけないことになる。特別養護老人ホームは要介護2以下では原則として入れないし、要介護3以上であっても入居待ちを余儀なくされることもある。また胃瘻などの日常的医療行為が必要なときは、受け入れてくれる施設は見つからないことも多い。介護退職者の大半が、自分の人生を変えることに悩みながらも、他に選択肢はないと考えて辞職願を書いているのである。

⑪ 老人ホーム入所のときには

親を引き取るか、または親の家に自分が移り住んで看ることが、物理的に困難な場合は、老人ホームに頼ることになる。親としては、我が子に看てもらうのが理想的で精神面でも気が楽なのだろうが、やむを得ない場合もある。

親を老人ホームに入れることになったときは、老人ホームの月々の利用料などの出費の数字をきちんと記録しておく必要がある。月によって28日から31日という日数の差があるから、食費は違ってくるし、また居室の水道光熱費も季節によって変動があるはずだ。第二章のC男さんは、入居一時金の返還金をめぐって他の兄弟姉妹と争いになったが、月々の利用料のことで、親の死後にトラブルになることもある。そのためには、親の年金などの収入面も把握しておかなければならない。年金収入であっても（支給額が低額でなければ）、所得税や市民税がかかる。健康保険料や介護保険料も必要になる。

親の年金だけでは、月々の利用料などが賄えないなら、親の預貯金を取り崩していくことになる。その場合は、③⑧⑨で述べたことが当てはまる。

月々の利用料などから年金所得を差し引いた赤字分の数字と、親の預金から取り崩した金額の数字が、1円違わず毎月ピッタリ一致していないと横領を疑われてしまうことになりかねない。

以上、いろいろ手間がかかるが、すべて「転ばぬ先の杖」なのである。介護から逃げて隠れていた他の兄弟姉妹が、親が亡くなった途端に、もう介護分担や協力を求められることはないとして、弁護士を立てて攻勢に出てくる実例は少なくないのだ。やっと親の介護が終わったのに、すぐに別の重荷を背負わされることになる。その荷を軽くするためには、介護中に地道に備えておくしかない。

もう一度言わせていただくが、もしその備えが徒労に終わったなら、それはむしろ喜ぶべきことだ。他の兄弟姉妹は、利己的な金の亡者にはならなかったのであり、兄弟姉妹の絆が切られることもなかったのだから。

親に遺言を書いておいてもらえれば……

これまで述べてきたように、被介護者への寄与・貢献はなかなか認められにくい。たとえ認められても実際の寄与・貢献よりかなり少額となる。

これを避けるには、遺言書が最も効果的なのだが、親に遺言書を書いてくれとは言いにくい。親の死を期待しているようにも受け取られかねない。

それだけでなく、「無理やり書かせた」とあとから他の兄弟姉妹によって主張されてしまう可能性もある。

もちろん、遺産を得る目的で介護を引き受けたのではない、という思いもあるだろう。

遺産など要らないという姿勢は潔いと言える。しかしC男さんのように、自分が親のために出したお金が結果的に、他の兄弟姉妹に行ってしまうこともある。現実問題として、死後に思わぬ形で揉めることは少なくない。

親の心理としては「自分の子供たちは、話し合いで平和的に解決してくれるはずだ。自分の子供たちに限って、兄弟姉妹同士で争うことなどするはずがない」と信じているかもしれないが、現実はそういう子供たちばかりではない。

汗水垂らすことなくまとまったお金が手に入るチャンスはめったにない。だから少しでも多く得よう。兄弟姉妹の縁など切ってもかまわない――そう考えるのもまた人間心理なのだ。

親が自らそのことを認識して、遺言書を書き残しておいてくれるといいのだが、これまたそういう親ばかりではない。また、たとえ亡くなる前であっても、認知症を患ってしまってからでは、遅きに失する。認知症の人間が書いた遺言書は、遺言能力がないという理由で有効性が否定されることが多い。B子さんの母親のように、いわゆるまだら認知症であって、判断能力が回復した時期に遺言書を書き残していたとしても、それを立証することはとても厳しい。

たとえば祖父母の命日や先祖の墓参りの帰りに「不毛な相続争いをしないために、元気なうちに遺志をはっきりしておいてくれないだろうか」と申し出ることは、そこまで親に対して失礼ではないのではないだろうか。

もし親が「そうしようか」と言ってくれたなら、第三者である弁護士に関与してもらう。知り合いの弁護士がいなくても、ネットで「弁護士、遺言する、相談」と入れて検索すればズラッと出てくる。知り合いの弁護士だと逆に、自分に有利な遺言を頼んだとあとで疑われかねないから、証人役としては初対面の弁護士のほうがむしろ適任だ。弁護士への相談の電話も、親にかけてもらう。

もちろん公証人役場でも相談に応じてくれるから、親に電話してもらい、アポを取って行ってもらって、公正証書遺言を残す方法もある。

どちらも費用が掛かるが、やむを得ない。弁護士は大げさ過ぎると親が小首をかしげたなら、信託銀行など金融機関を利用する方法もある。金融機関も最近は遺言信託など高齢者サポートに力を入れている。信託銀行によっては、遺言作成のアドバイスをしたうえで遺言書を保管し、亡くなったときには銀行が遺言執行者として遺言実現の手続をしてくれることもある。ただし、遺言信託をしたときは、弁護士に依頼する以上の報酬が必要となる場合もある。

しかし、手間も費用もかからず、家でできるからといって、自筆証書遺言にすると、前章で述べたように、のちのちトラブルになりかねない。ネットで「自筆証書遺言　書きかた」と入力して、出てきたページを親に見せて、作成を手伝うなどということは絶対にやってはいけない。状況によっては、遺言書を事実上捏造（ねつぞう）したと認定されかねない。そうなったら相続人の資格を失って相続分はなくなる。代筆するなど、もってのほかだ。私文書偽造罪にすら問われかねない。

親が「すでに遺言書は書いてあるんだよ」と言う場合は、公正証書遺言なのか自筆証書遺言なのかは訊いておいたほうがいいし、自筆証書遺言の場合は法務局に預けているのかという点も、親に確認しておいたほうがいい。親が亡くなる前に、預けられているかどうかを法務局に問い合わせても教えてもらえない。

また親から自筆証書遺言を「おまえに預ける」と言われても、受け取らないほうが無難だ。自筆証書遺言を預かっていると、偽造や変造を疑われることに繋がりかねない。それだけではなく、すぐに遺言書を示さないと「遺言書の隠匿（いんとく）」と認定されることがある。

親から託されて遺言書を預かっていた者が、兄弟姉妹での話し合いを優先しようと協議が終わるまで伏せていたケースで、「遺言書の隠匿に当たる」として欠格事由に該当する（民法第891条5号）という判決を受けた例もある。欠格事由となると、相続資格を失う。しこりが残らないように話し合いを優先しようと思ったわけであり、悪気はなかったのだろうが、結果的に相続分はゼロとなった。

もしも自筆証書遺言を預かっていたときは、開封は絶対にしないで、被相続人の死後すみやかに家庭裁判所の検認を受ける必要がある。検認は、相続人たちの立ち会いのもとで、家庭裁判所によって開封をしてもらう手続である。これによって、以後の偽造や変造を防ぐものである。遺言書の形状や日付・署名の有無などを調書に記載したうえで、コピーが相続人たちに交付される。ただし、検認を受けたからといって、遺言書の有効性が確定するわけではない。なお、公正証書遺言や法務局に預けた自筆証書遺言については、検認を受ける必要はない。

法的手続に進んだときは

親が亡くなって相続問題となり、他の兄弟姉妹が法的手段に出てきたときは、「話せばわかる」とは思わないほうがいい。

「三下り半」が相手方の弁護士から送られてきたなら、もはや対話することが不可能になったのだ。相手方の弁護士はあくまでも他の兄弟姉妹の代理人であり、その味方であり、他の兄弟姉妹からお金をもらっている存在である。

法的手続に移行してしまったなら、素人が弁護士相手に戦うことは難しい。こちらもプロの弁護士に頼むしかない。

ただ、弁護士なら誰でもいいというわけではない。あまり熱心に取り組まない弁護士も中にはいるし、相続関係は得意ではないという弁護士もいる。

信頼できる弁護士が友人にいるという人は少数だろう。探すしかないのだが、以前と違って探しやすくなっているのはたしかだ。新司法試験になってから、合格率が上がって弁護士の数は増えた。弁護士が余っているとも言われている。したがって、いわゆる敷居が高いという存在ではなくなった。ホームページで、こういうときはこうしたほうがいいというアドバイスを詳しく書いている弁護士もいる。

ネットで検索して、まずは電話でアポを取って相談に行ってみたなら、きちんと話を聞いてくれるかどうか、どんな姿勢の弁護士なのか、相続問題に強いのか、おおよそはわかる。

初回の相談は無料という弁護士も少なくないし、そうではなくても、相談だけなら料金はそんなに高額ではない。

自分との相性もある。何人かの弁護士に相談に行って、その中から選べばいい。「医者選びも寿命のうち」という言葉があるそうだが、「弁護士選び」も大切だ。今は、依頼者のほうが選べる時代になっている。その反面、新司法試験実施以降は、一部の弁護士の質が低下しているという指摘もある。それだけに、弁護士なら誰でもいいとは考えるべきではない。

選んでからの解任も可能だが、新しい弁護士を選任する費用が再度掛かるうえに、事情を最初から説明しなくてはならない。それならば、選任の段階で、時間とお金を使ったほうがいい。

法的手続になればまずは調停から始まるが、世間で思われているよりも、ゆっくりとしたペースで調停は進む。先に触れたように、当事者同士が対面しない間接話法であるから、どうしても時間がかかる。次回の期日は一ヵ月先といったことになることも多い。調停委員も代理人弁護士も、たくさんの案件を抱えているのだ。

スローペースだから、相手方から調停が申し立てられて開始となってから、自分の側の弁護士を選任しても遅すぎるということはない。あわてないでじっくり選べばよい。「現在、弁護士を選任中です。決まるまで、うっかりしたことは言いたくありませんから、少し待ってもらえますか」という申し出もしてよい。遠慮は無用だ。調停委員としては、弁護士が同席してくれたほうが話がスムーズに進むと歓迎する傾向がある。

弁護士任せにはしない

そうやって、弁護士を選任しても、それで完了ではない。むしろそこから始まるのだ。

裁判に移行したときは、弁護士は訴額などに応じた着手金をもらう。この着手金は、敗訴・勝訴にかかわらず必要だ。勝訴となったときは、弁護士は成功報酬を別にもらう。したがって弁護士としては当然、勝訴のほうが収入が増える。「依頼人の利益のために戦う」ということは、すなわち「弁護士は自分の利益のためにも戦う」ということになる。裁判官のように、給与・賞与が保障されている身ではない。

弁護士の資質や価値観にもよるが、勝つためには手段を選ばないという弁護士もいないではない。相手方がそういう弁護士だったときに（自分の弁護士は選べるが、相手方の弁護士は当然のことながら選べない）対抗できるのは、やはり証拠しかない。だから何度も繰り返すが、さまざまな証拠を「転ばぬ先の杖」として用意しておくことは重要なのである。

自分が選んだ弁護士も頑張ってくれるが、有能な弁護士ほど忙しいという傾向も否定できない。弁護士の手すきの時間を訊いたうえで、なるべく頻繁に面談を重ねていくことも必要だと考える。法廷に提出する準備書面は弁護士が作成するが、どれを盛り込んでいくかは実情を知っている当事者でないとわからないことも多いし、どのような証拠を持っているかも進んで伝えておかないと、弁護士にはわかりようがない。

裁判に前置される調停には、なるべく本人も同席したほうがいい。弁護士が付いている場合は、本人に出席の義務はないが、調停委員から「詳しく説明してください」といった質問を受けることも多いし、「このへんで折り合えないでしょうか」という打診が調停委員から出されることもある。もちろん打診を受けるかどうかは当事者本人の選択である。

裁判に移行したときは、本人が出廷しても、前述のようにたいていは短時間で終わるから、肩すかしのような印象を受けるかもしれない。しかし時間があれば傍聴してもいいと思う。その前後に、自分の弁護士と方針を話し合うこともできる。

裁判では、和解勧告をされることも多い。裁判官にとっては、判決文を書くのは神経も遣うし、労力も要る。和解が成立したほうが楽だ、というのは本音と思われる。和解に至れば、控訴や上告されることもない。この和解勧告のときは、当事者本人も同席したほうがよい。ふだんは裁判官に対して質問する機会はないが、和解に向けた話し合いのときは許される。また自分の意見を直接聞いてもらうこともできる。もちろん聞いたからといって納得してもらえるとは限らないが、貴重な機会となる。

和解においても、調停のときと同様に、別々に呼ばれる。双方が裁判官を交えて同じ部屋で協議をするという形は普通は採らない。ただ、和解が成立して、〝和解調書〟を裁判官が読み上げて最終確認をするときは、双方が同じ部屋で席を連ねる。当事者同士が顔を合わせるのを避けたいので、本人は出ずに最終確認は弁護士だけ、ということもある。

なお、和解が成立したときは、確定判決が出たのと同じ効果が出る。調停の段階で、両者が調停案を受け入れたなら、それも確定判決と同様の意義を持つ。あとから蒸し返すような裁判を起こすことはできない。したがって、和解も調停も、軽く考えて、あとから裁判で争えるとは捉えないでいただきたい。

調停、和解、判決のほかに、審判というのがある。たとえば、実家の所有権を誰が受け継ぐかが争いになったときは、家庭裁判所での遺産分割調停になるが、調停が成立に至らなかったときは家庭裁判所の裁判官（このときは審判官と呼ばれる）が、さまざまな事情を考慮したうえで、審判という名の結論を出す。この審判で出た結論については、不服申し立て（即時抗告）を高裁に出すことはできる。高裁で、審判結果が覆るケースもないではない。

法的手続となると、どうしても専門知識が必要になってくるので、弁護士の力を借りざるを得ないのだが、任せっきりはよくない。あとで、もっとこの点をしっかりと主張しておけばよかったということになりかねない。裁判官は、提出された書面と証拠で判断をしていく。したがって、言いたいことや言うべきことは、書面か証拠としてきちんと提出しておく必要がある。

そして法的解決には、時間が掛かる。遅々とした動きに耐えることも必要だが、筆者はこれは前向きに捉えることにした。向こうは少しでも多くの遺産を得たいという欲求でいっぱいなのだから、解決が遅くなったほうが苛つくに違いない――そう受け止めることにした。

係争が長引いても、相続税申告は忘れずに

兄弟姉妹間での相続の話し合いがまとまらなかったり、調停などの法的手続に移行したり

した場合、相続税のことを忘れがちになる。被相続人が亡くなったことを知った翌日から10ヵ月以内に、相続税の申告ならびに納税をしなくてはいけない。申告だけでなく納税も必要だ。納税は現金で一括払いというのが原則なので、その用意も10ヵ月以内にする必要がある。

この期限を徒過したときは、無申告加算税や延滞税が課せられる。地震や台風で罹災した場合などを除いて、延長（最大2ヵ月）は認められないので注意が必要だ。相続争いとなって調停に持ち込まれ、調停が不調に終わって裁判に移行してお互いが主張をし合っている間に、相続税の申告を失念していたという例も珍しくはない。

御存知のかたも多いと思うが、相続税には基礎控除の制度がある。3000万円＋（600万円×法定相続人の頭数）＝基礎控除額となる。もし相続人が2人きょうだいだけなら、4200万円が基礎控除額になる。相続財産総額から基礎控除額を差し引いた部分が、相続税の対象になるから、差し引いて0円以下になる場合は、相続税の申告も納税も必要ない。

しかし、遺産総額には不動産のみならず預貯金、株式や公社債や投資信託、書画や貴金属なども入るから、0円以下にならないケースも少なくない。都市部に実家の建物と土地があれば、狭い木造家屋であっても、それだけで4200万円を超える場合も多い（不動産については、固定資産評価額に基づいた計算をする）。

死亡退職金や死亡保険金があったときや生前贈与がなされていたときなどは、計算は複雑になる。そういった場合を含めて、基礎控除額を超えそうな場合は、税務署に相談しておいたほうがいい。

相続税の申告と納税は、相続人ごと（単独）でも相続人連名（共同）でも可能なのだが、相続人ごとにした場合に、たとえば長男と次男で申告額や納税額が食い違っていたときは、税務調査の対象になる可能性が高い。したがって、係争中であっても、連絡を取らずにまったく別々に、ということは好ましくない。相手方に弁護士が付いていたなら、連絡すれば食い違いがないように対応はしてくれるはずだ。弁護士としても、依頼人が税務調査を受けることは避けたいからだ。

親が自筆証書遺言を残しており、長男が7割・次男が3割という相続割合が書かれてあって、次男がその遺言は無効だとして争っているようなケースでは、納税額の食い違いはやむを得ない。有効と考える長男は7割取得で計算し、次男のほうは遺言は無効だから法定相続としての5割取得で計算する。しかしこの場合も、ベースとなる遺産総額自体の額は同じでないと、おかしいことになる。

もし遺言が有効と確定したなら次男は2割、無効と確定したら逆に長男が2割の相続税の払い過ぎとなるが、このときは還付を申請することができる。この還付は、原則として相続開始から5年10ヵ月以内に申請しなければならない。

実家を売却したときは不動産譲渡所得税がかかる

税金関係で、もう一つ注意が必要なのが、実家など被相続人が所有していた不動産遺産を売却した場合である。

相続人間で争いがなかった場合でも、遺産として実家の不動産以外に財産らしいものがほとんどなかったときは、遺産分割の方法は2つとなる。

相続人の誰かが実家の所有権を取得して、他の相続人には代償金として、その相続分に相当する現金を支払うのが、1つめの方法である。この場合は、実家の所有権を取得した者が代償金となる現金を用意できることが必要となってくる。

そのような代償金が用意できない場合や、相続人の誰もが実家取得を希望しなかったときは、実家を売却して現金に換えて、相続分に従って分けるという2つめの方法になる。この2つめの実家を売却するほうを選んだときは、不動産譲渡所得税がかかってくることに留意しなければならない。

売却方法には、裁判所に競売を申し立てる場合と競売によらない任意売却の場合があるが、競売の場合は相場価格よりもかなり（相場の7～8割程度と言われている）低い価格になってしまう可能性が高いので、相続人間で売却に関する合意をしたうえで、不動産業者に依頼して任意売却をすることが多い。しかし、任意売却の場合も、売り急いでしまうと相場より低くなる傾向があることは否めない。だが、前述の相続税が期限までに現金納付できないようなときは、やむなく売り急ぐ場合もある。

かりに、実家が相場価格の6000万円で任意売却できたとしよう。売却した場合は、不動産譲渡所得税として、国税が15％＋復興増税（0・315％）、さらに地方税が5％掛かってくる。

単純に6000万円に、この税金総計の20・315％を計算すると、1218万9000円となるので、差し引いた残りは4781万1000円となり、相続人が2人なら、1人あたり2390万5500円が取り分となり、意外と低くなることがわかる。6000万円÷2＝3000万円が手に入るのではないのだ。

このほかに、不動産業者への仲介手数料（6000万円の3％＋6万円に消費税を加えて、

204万6000円を相続人で分担）や売買契約書の印紙代、さらには売買契約に司法書士の立ち会いを頼んだときはその報酬も必要になってくる。これらの必要経費は、不動産譲渡所得税の計算にあたっては6000万円から差し引くことはできる。また実家の購入価格がわかっているときはその金額（わからないときや購入時期がずっと以前で安価なときは6000万円の5％）が引けるので、実際の不動産譲渡所得税の価格は前述の試算よりは少し低くなるが、手元に入る現金の額は（仲介手数料などを支払うので）そう大きな差はない。

その年の所得が増えるので、それに比例して計算される国民健康保険料などもアップすることになる。

このように、実家などの不動産を売却したときは、売却価格からさまざまなものが差し引かれるということは知っておいたほうがよい。

実家を売却せずに相続人の誰かが受け継いだ1つめの場合は、不動産譲渡所得税は発生しない。

しかし、相続人がともに実家の単独相続を望んだとき、話し合いで決まらない場合には家庭裁判所の遺産分割調停に持ち込まれる。調停でまとまらなければ、審判で決めてもらうことになる。

第二章のF男さんの例で述べたように、そのときの判定基準は、実家に住んでいる相続人（親と同居している子）がいれば、ほぼ確実にその者が取得できる。実家に住んでいる相続人がいないときは、実家の管理をしていた者が有利になる。F男さんの弟はこのことを知っていて、実家の修繕や清掃を定期的にしていたと思われる。F男さんは親を引き取って介護をしていたが、そのことは実家取得の理由としては、ほとんど考慮してもらえなかった。F男さんが自宅に親を引き取るのではなく、実家に移り住んで介護をしていたなら、おそらく結果は違っていただろうと思われる。

終章

立法・司法への提言

筆者の場合、父親の最初の脳梗塞から起算するなら、介護は約13年間に及んだ。本格的な介護は、退職せざるを得なくなったあとの約4年半である。休日なしで介護が続く毎日は辛くて、介護者ネットワークに電話して愚痴を聞いてもらうこともあった。けれども、自分は人として間違った選択をしていないという思いは揺るがなかった。介護放棄をしてしまって親を早く死なせることになったら、きっと後々になって悔やむに違いないという精神面での支えが、不規則な睡眠など肉体面でのしんどさを上回った。最後まで看取ったことは、今でも一片の後悔もない。

しかし両親の死後に始まった約12年間にわたる相続争いは、肉体的には軽いものであったが、精神的には介護よりはるかに重くて、もっと証拠を残しておけばよかったという口惜しさを何度も感じた。

この本を書くにあたって取材をして、筆者同様の、いや筆者以上の悲しい思いをした人たちが予想以上に多いことがわかった。相続争いは終わったけれど、裁判所が兄弟姉妹との〝今生の別れの場〟となってしまったのである。

離婚カップルの中にも、裁判所が〝今生の別れの場〟となった人たちはいるだろう。ただ、離婚の場合は「あのような人を結婚相手に選んだのはあくまでも自分自身であって、その選択が招いた結果であるから、しかたがないことだ」と自己納得できている人もいるのではないだろうか。

しかし兄弟姉妹は、自分が選択したわけではない。何人の兄弟姉妹がいるのか、何番目に生まれたのか、そしてどんな思考の持ち主の兄弟姉妹なのか、すべて選択できないことばかりである。どのような親の子供としてこの世に生まれてくるかには運不運がともなうという意味合いの〝親ガチャ〟という言葉があるが、〝兄弟姉妹ガチャ〟もあるのである。

その意味では、相続トラブルは避けようがない運命であるという見解もあるだろうが、これと介護をめぐっての相続トラブルに関しては、これまでに述べてきた各自が採れる対策と準備をすることで、たとえ避けようがなくても結果はかなり違ってくると思えてならない。〝親ガチャ〟を嘆いているだけでは前進がないのと同じように、〝兄弟姉妹ガチャ〟の不運を恨んでいるだけではダメなのである。

そして現在の法律制度や裁判といった社会構造的な欠陥を改めたなら、かなりの確率で相続トラブルも介護難民も防げるのではないかと思えてならない。

その具体的な提案を以下に述べさせていただく。

まず大きなこととしては以下のものがある。

（1）日本版ク・ハラ法ができて、「家族の介護から逃げた者は相続人になれないことがある」という欠格事由の追加ができれば、現実問題として違ってくることが期待できる。相続人になれないことを避けるためには、冷たく介護にノータッチという姿勢ではいられないからだ。こういう規定があるだけでも、一定の効果があると思われる。

（2）自筆証書遺言における自筆性が争われて、争いのもととなっているのなら、いっそのこと自筆証書遺言の制度は廃止して、公正証書遺言に移行したほうがいい。法務局での保管制度も、自筆性を立証する根拠にはなりにくい。

もしくは筆跡鑑定人を公的資格化している国のシステムを採り入れて、玉石混淆の筆跡鑑定人を整理すべきである。契約書や手形の署名など、遺言書以外の分野でも筆跡鑑定が重要な場面はある。現状では、悪貨は良貨を駆逐するがごとく、いい加減な筆跡鑑定人が、真面目に取り組んでいる筆跡鑑定人を追放しかねない。

（3）キーマンとなって親の入院時の保証人や老人ホーム入居時の身元引受人になった子に対しては、任意後見人と同じ役割を果たしているのだから、任意後見人と同等の報酬を遺産から得られる法律にすべきである。キーマンの仕事は、介護保険利用申請をする、ケアマネージャーと面談する、デイサービス施設利用開始や老人ホームへの入居の手続をする、それらの施設から連絡・報告を受けたり相談に出向く、病院に入院したときはすぐに駆けつける、手術の同意書にサインする……などなど、地味ではあるが継続的かつ多岐にわたり、負担はけっして軽くないからだ。

報酬ありにすれば、キーマンの押しつけ合いといった問題も減るであろう。誰が病院入院時や老人ホーム入居時の保証人や身元引受人になったかは、書類があるから明確にわかる。親の死後に報酬請求権があるということにしておけば、途中でキーマンを投げ出すケースも減少するだろうし、いらないという人は請求しなければいい。

（4）極論と言われるかもしれないが、相続人の頭数で割っての2分の1や3分の1という法定相続分の単純な当てはめではなく、親の介護・貢献に比例した相続分にする（他の兄弟姉妹の遺留分を超えてもいい。すなわち遺留分を聖域にはしない）という斬新な民法改正をしたなら、進んで介護をしようという子たちの絶対数はかなり増えるだろう。

そうすれば、介護スタッフの人手不足や介護施設への入居待ちといった社会問題も減少することが期待できる。介護保険から支払われるのではなく、各家庭の遺産が原資になるのだから、介護保険財政の逼迫も防げる。

介護をそこまで遺産取得と比例させて結びつけるのか、という批判を受けるだろうが、現在のような「介護する家族はボランティア扱い」では、近い将来、介護難民のさらなる増加と介護保険財政の破綻をきたしかねない。「介護は少なめに、相続は多めに」というエゴに基づく不公平がまかり通っているのが現状だ。

遺産相続は不労所得という性質を基本的に有するが、介護・貢献をした者はそうではない。親のために自分の時間とエネルギーを使って、一生懸命に頑張ったのだ。頑張った者が、それに応じたものを得ることはおかしなことではない。単純な血統主義を採って、その家に生まれたというただ一点だけで財産が取得できるとするほうが、憲法第14条が否定する門地や社会的身分による差別になりはしないだろうか。

原資となる遺産がない要介護者は従来どおりの介護保険でフォローしていく。遺産のある家庭が「自助」をするのだから、介護保険財政は今よりは支出が減って、そのぶん介護保険サービスは手厚くなることが期待できる。個人資産である遺産を原資とすることには反対意見もあるかもしれないが、資産のある者が拠出をするというのは、税などの社会負担の基本的考えでもある。

（1）から（4）は法律の制定や改正が必要になってくる。しかし、立法措置までしなくても、裁判所が現在の考えや判例を変えるだけで可能になることもある。具体的には以下のものがある。

（ア）葬儀費用は喪主が単独負担して、墓地代は祭祀継承者が単独で拠出をするのではなく、相続人が平等に負担し、遺産から支出してよい、と従来の判例を改める。いずれも死者のためのお金なのであるから、死後に使ってもいいはずだ。

判例の考えは、葬儀費用は被相続人の死後に生じたものであるから、被相続人の債務ではなく、したがって相続財産には入らないと捉えているようだ。しかしこれは観念的すぎる。日本では死体は（ごく一部の土葬地域を除いて）火葬することになっていて、放置したら死体遺棄罪に問われかねない。火葬に際しては医師の死亡診断書（有料）を取ったうえで、最低でも24時間は安置しなくてはいけない。公営火葬場でも、火葬代金が無料という自治体は少ない。たとえば東京23区の多くでは9万円程度が必要になる。火葬料金だけでなく、遺体の搬送料やドライアイス代もかかる。死者が多いときは、火葬待ちという状態もある。

遺骨も放置はできなくて、埋葬しなくてはいけない。海上散骨が許される場合もあるが、散骨をするのにも費用がかかる。

時間的には死後であっても、これらのさまざまな費用は〝死と一体化している〟ので、しかも不可避の費用であるから、家族の誰か1人の負担ではなく、死者自身の負担とするのが合理的である。そして参列者から香典をもらう旧来のスタイルの葬儀で、黒字になったときは喪主の収入とするのではなく、遺産に加えることにする。

さらには遺品整理と不用品処分の実費も、同様の扱いをすべきではないだろうか。

（イ）「特別な寄与」の範囲をもっと拡げていく。認められてもプロのヘルパーの7割程度というのを改めて、同等で計算する。むしろ、大半の親としては、気遣いをして注文をつけにくい他人であるヘルパーよりも、我が子のほうがありがたいのだ。ヘルパーには介護保険上の制約がある（たとえば病院受診時の待ち時間の付き添いはできない、おせち料理など時間のかかるものは作れない、お酒など嗜好品の買い出しはできない、遺影や仏壇の掃除もできない）が、家族にはそういう制限もなく、被介護者にとっては、プロの7割程度のありがたさではないと言える。

要介護2以上でないと「特別な寄与」にならないというのも、実情にそぐわない。要支援や要介護1であっても、家族介護者に掛かってくる負担は小さくないので、そこまで拡げるべきである。

（ウ）裁判官は、介護の実際と大変さを知るために実習を含めた研修を受けるようにする。弁護士にも実感してもらいたいから、司法試験合格者には1年間の司法修習生期間がある中でカリキュラムに組み入れてみてはどうだろうか。たとえば、砂袋の重りを付けて歩いてみることで、被介護者の不自由さの一端が体験できる。大人を抱えてベッドに寝かせることをやってみれば、介護する者が腰痛になってしまうリスクも身をもって知ることができるだろう。

家事事件を扱う調停委員にも、介護実習研修を受けてもらいたい。調停委員に就くにあたっては法律などの座学研修が課せられるそうだが、その中に加えてほしい。短期間の講習であっても現実を体験することは大切だし、自分が介護者になったときにも役立つ。

（エ）兄弟姉妹別の親への介護貢献度を客観化するために、第三者であるケアマネージャーに介護関与についての記録を義務付ける。現在でも、ケアマネージャーは毎月の訪問時などの記録を書いてはいるが、あくまでも被介護者のことしか書いていないことも多い。主たる介護者やそれ以外の家族が、それぞれどういう介護関与をしているかをなるべく詳細に記録してもらうようにする。保存期間も20年くらいにする。これは法律改正までしなくても、通達や厚生労働省令で可能と思われる。

あとがき

戦争は悲惨な結果を招くものであり、絶対にしてはならない――

それと似たように、泥沼の相続争いもお互いの時間と費用を失わせ、血肉を分けた絆を断ち切り、終わっても幸せな気分にはなれない。

だが、戦争が一方的に宣戦布告をして開戦できるのと同じように、相続争いも一方的に法的手段に出ることができるのだ。

裁判でお互いの主張をすることを民事訴訟では「攻撃防御」と呼ぶが、まさに戦いの様相を呈する。多くの場合、訴えに出たほう（原告）が攻める側となる。被告となった者は、黙っていたら認めたことになってしまい敗訴となる。

親の介護から逃げた者を訴えることはまずできない。親を介護することが明確な義務にはなっていない現在の法制度のもとでは、その不作為の法的責任を問うことは不可能に近い。逆に、親の介護を担った者に対しては、「親の財産を使い込んだのだから、それを相続財産に返還せよ」といった訴えが可能である。すなわち、被告になるのは、大半が介護を担った者ということになる。

したがって防衛をしなくてはならないことを想定して、介護を担った者は介護中から準備をしておく必要がある。それが、いざというときのための、証拠という備えなのである。何度も繰り返してくどいようであるが、証拠はとても重要である。証拠がなければ、たとえ真実であっても、裁判では真実と認めてもらえない。

備えを使わなくて済んだなら、それが一番いい。戦争はしないのがベストである。だが現実は、なかなかそうはいかない。

もちろん無抵抗主義を採って、もし訴えられたならすべて自分が譲歩する、という選択も否定しない。価値観・人生観に基づいて、その人が決めていく問題だからだ。

ただ、少なくとも筆者は、応戦してよかったと思っている。

戦いを通じて、現在の法制度や裁判の現実が、介護を担った者に冷たいということも実感した。それでも、最高裁判所の法廷で弁論をするといった得がたい経験ができたし、ケアマネージャーやヘルパーといった介護の最前線で働いている人たちのナマの声も聞けた。この本の取材を通じて、親の介護から逃げることは比較的容易であり、その反面として親思いの優しい人間が結果的に損をしてしまう実例も多く知ることができた。

近い将来自分自身が家族から介護される身となる年齢のかたたち、そしてとりわけこれから親の介護を背負っていくことになる人たちの何らかの参考や助けになれば、とても嬉しいことである。

２０２５年３月

姉小路　祐

参考文献一覧（書名五十音順）

『男が介護する――家族のケアの実態と支援の取り組み』津止正敏著、中央公論新社、２０２１年

『介護殺人――司法福祉の視点から』加藤悦子、クレス出版、２０１０年

『介護疲れを軽くする方法――家族を介護するすべての人へ』ＮＰＯ法人　介護者サポートネットワークセンター・アラジン編著、河出書房新社、２０１２年

『家族介護者の生活保障――実態分析と政策的アプローチ』濱島淑恵、旬報社、２０１８年

「家族介護とジェンダー平等をめぐる今日的課題――男性介護者が問いかけるもの」斎藤真緒、日本労働研究雑誌、２０１５年　№．６５８

『家庭裁判所における遺産分割・遺留分の実務』第４版　片岡武・菅野眞一編著、日本加除出版、２０２１年

『決定版　介護でやることのすべて』みんなの介護監修、水王舎、２０１７年

『検証　介護保険』伊藤周平、青木書店、２０００年

『「人生百年時代」の困難はどこにあるか――医療、介護の現場をふまえて』石田一紀・新井康友・矢部広明編著、新日本出版社、２０２３年

『長寿社会を生きる――健康で文化的な介護保障へ』石田一紀・池上惇・津止正敏・藤本文朗編著、新日本出版社、２０１９年

『複合介護――家族を襲う多重ケア』成田光江、創英社／三省堂書店、２０１８年

『私にとっての介護――生きることの一部として』岩波書店編集部編、岩波書店、２０２０年

目次・章扉デザイン　板倉　洋

姉小路祐（あねこうじゆう）
1952年京都市生まれ。大阪市立大学（現・大阪公立大学）法学部卒業。高校社会科教員をしながら、'91年に第11回横溝正史賞を受賞。主な著書に『動く不動産』『真実の合奏』（以上、KADOKAWA）、『刑事長』『東京地検特捜部』『京都七不思議の真実』（以上、講談社）『特捜弁護士』『京都「洛北屋敷」の殺人』『適法犯罪』『セカンド・ジャッジ』（以上、光文社）などがある。「弁護士 朝日岳之助」シリーズ（小林桂樹主演）や「再雇用警察官」シリーズ（高橋英樹主演）など映像化されたものも多い。2008年、親の介護のために高校教員を退職する。

介護と相続、これでもめる！　不公平・逃げ得を防ぐには

2025年4月30日初版1刷発行

著　者 ―― 姉小路祐
発行者 ―― 三宅貴久
装　幀 ―― アラン・チャン
印刷所 ―― 堀内印刷
製本所 ―― 国宝社
発行所 ―― 株式会社光文社
東京都文京区音羽1-16-6（〒112-8011）
https://www.kobunsha.com/
電　話 ―― 編集部03（5395）8289　書籍販売部03（5395）8116
制作部03（5395）8125
メール ―― sinsyo@kobunsha.com

　ISBN 978-4-334-10621-8

光文社新書

1354
75歳・超人的健康のヒミツ
「スーパー糖質制限」の実践
江部康二

歯・耳・目、全てよし、内服薬なし、血圧・体重も維持、夜間尿なし……52歳で糖尿病を発症も、若さと健康を保っている糖質制限のパイオニア医師が、あらゆる角度から元気の秘訣を公開。

978-4-334-10589-1

1355
締め切りより早く提出されたレポートはなぜつまらないのか
「先延ばし」と「前倒し」の心理学
安達未来

人間には「先延ばし派」と「前倒し派」がいる。やたらと称賛されがちな前倒し派には深く考えることが嫌いな傾向、先延ばし派には創造性が高い傾向もある。行動の癖を心理学で解く！

978-4-334-10619-5

1356
自分の弱さを知る
宇宙で見えたこと、地上で見えたこと
野口聡一
大江麻理子

三度の宇宙飛行を経験した宇宙飛行士と、『WBS』の元キャスターは、葛藤や挫折とどう向き合ってきたのか。ストレス、人間関係から組織論まで。「心が折れる時代」を生きるヒント。

978-4-334-10620-1

1357
介護と相続、これでもめる！
不公平・逃げ得を防ぐには
姉小路祐

介護・相続トラブルを防ぐには？　実体験をベースに、ナマの声を拾って見えてきた日本の社会構造的な欠陥。超・高齢社会で「転ばぬ先の杖」として大事な心構えとは。核心をつく提言。

978-4-334-10621-8

1358
横尾忠則2017—2025書評集
横尾忠則

創造の秘密から死後の世界まで——。朝日新聞の書評欄で著者が取り上げた全138冊を収録。読者に新鮮な驚きを与えた実験的な書評、「見る書評」の「ビジュアル書評」も全点掲載！

978-4-334-10622-5